TOUT LE MONDE PEUT S'ENRICHIR EN BOURSE

Jean-David HADDAD

Edition : JDH Editions

77600 Bussy-Saint-Georges. France

Imprimé par BoD – Books on Demand, Norderstedt, Allemagne

ISBN : 979-10-91879-90-3

Dépôt légal : novembre 2019

TOUT LE MONDE PEUT S'ENRICHIR EN BOURSE

Hausse, Krach, Dividendes, Trading, PEA, SICAV : chacun sa voie !

Avec Jean-David HADDAD

JDH Éditions

Les Pros de l'Éco

Paru chez JDH Éditions

- SMALL CAPS, un atout majeur pour gagner en bourse *de Jean-David Haddad. 2019*

- Devenez Trader Pro ! *de Benoist Rousseau. 2019*

- Money Game *de Sébastien Thiboumery. 2019*

- Ce que votre banquier ne vous dira jamais… *de Jean-David Haddad. 2019*

- L'économie ? Rien de plus simple ! *de Jean-David Haddad. 2018*

- Les traders sont de vrais communistes… *de Benoist Rousseau. 2018*

Retrouvez tous les livres de la collection
« Les Pros de l'Éco » et bien d'autres sur

www.jdheditions.fr

Collection "les pros de l'Éco"

Cette collection regroupe des écrits de professionnels de l'économie, à destination du grand public. Ces professionnels mettent en avant de manière pédagogique et accessible, un savoir particulier sur un thème ou sur le fruit de leurs recherches.

Les différents ouvrages sont uniques en leur genre et non substituables par des livres plus "académiques".

AVANT-PROPOS

Cet ouvrage est le 18e livre que j'écris et le 9e qui concerne la bourse.

Si j'ai souhaité écrire un nouvel ouvrage si général sur la bourse, après en avoir tant écrits, c'est que j'avais des choses nouvelles à communiquer d'une part et que j'avais envie de porter un message plus universel que les fois précédentes d'autre part. Ce message plus universel est explicité par le titre de ce nouveau livre.

Si j'ai choisi ce titre un peu long, "tout le monde peut s'enrichir en bourse", ce n'est pas dans le but de faire du marketing (si tel était le cas, j'aurais probablement opté pour un titre plus concis).

À travers ce titre, j'ai voulu communiquer un message au lecteur, lui donner un signe. Le signe qu'il est possible de s'enrichir grâce à la bourse, quoi qu'en pense l'opinion générale et quelles que soient les représentations sociales, très négatives en France, vis-à-vis de la bourse.

Aux États-Unis, le fait d'orienter son épargne vers la bourse est naturel. Ainsi, les placements en bourse sont très répandus dans la population, quelle que soit la classe sociale. En France, les représentations sociales ont hélas tendance à montrer la bourse comme un casino au meilleur des cas, comme quelque chose d'immoral au pire des cas.

Pourtant, nous verrons dans cet ouvrage à quel point la bourse est nécessaire à l'économie. Mais nous verrons surtout que chacun doit trouver la bonne voie, celle qui lui convient, lui correspond et ne pas forcer sa nature. **Car il existe plusieurs voies pour s'enrichir en bourse. Et si vous n'y arrivez pas, c'est que la voie que vous empruntez n'est pas la bonne.** Tel est le message de base de cet ouvrage.

Reprenons le titre de cet ouvrage en détail, car vous avez droit à des explications détaillées !

TOUT LE MONDE

Tout le monde est concerné par cette possibilité de s'enrichir en bourse. Aussi bien les femmes que les hommes, les jeunes que les moins jeunes, les personnes de toutes nationalités, religions, convictions, etc. Les riches et les moins riches, tous ceux qui ont un revenu fut-il modeste, même s'ils ne possèdent pas de patrimoine, peuvent s'enrichir en bourse, comme nous le verrons. La bourse est universelle, elle a beau être décriée, elle est d'ailleurs une forme de lien social implicite... Seulement, il y a autant de façons d'intervenir en bourse qu'il y a de monde concerné ! **Chacun devra trouver son style d'investissement, choisir une voie qui lui correspond, et cela est très important !**

PEUT

Vouloir c'est pouvoir dit le proverbe. Il faut d'abord avoir une ferme volonté de réussir pour que cela fonctionne. Mais surtout il ne faut pas croire que l'on puisse automatiquement s'enrichir en bourse !

La notion de pouvoir est importante. Aux deux sens du terme qui sont d'ailleurs très contingents entre eux. "Tout le monde PEUT s'enrichir" ce n'est pas "Tout le monde VA s'enrichir" ni "Tout le monde DOIT s'enrichir"... Pouvoir le faire sous-entend s'en donner les moyens. Autrement dit, une fois que vous aurez trouvé votre voie dans le dédale de la bourse, il faudra acquérir les méthodes et techniques nécessaires, mais qui correspondent à la voie choisie et non à celle de votre voisin !

S'ENRICHIR

Mon précédent livre se nommait "Réussir en bourse c'est presque facile". Je n'ai jamais voulu donner le sentiment, à travers mes titres, que la bourse pouvait être une forme de casino, laissant une place importante au jeu ou au hasard, même s'il y a toujours une part de hasard. Il faut qu'elle soit la plus faible possible. Aujourd'hui, la notion d'enrichissement, qui renvoie dans les représentations à la notion d'accumulation, de labeur, mais aussi d'enrichissement intérieur, me parait plus adéquate encore ! Vu que l'on peut intervenir en bourse de différentes façons, il y a forcément différentes façons de s'enrichir. Et **la notion d'enrichissement laisse planer l'idée que c'est un processus cumulatif, de long terme, progressif**. Je ne crois pas au coup du siècle en bourse. L'argent facile n'existe pas en bourse, il faut le savoir. Le livre ne se nomme pas « *tout le monde va devenir riche en bourse* ». Et si jamais, par chance, vous tombez sur la pépite de demain, la valeur qui sera multipliée par 10 ou 20, ce sera une brique de l'édifice que vous construirez lentement.

Même si on agit à court terme, en achetant et vendant des actions dans la même journée, ce n'est qu'en répétant inlassablement ces opérations avec la même méthode, sur le long terme, qu'on s'enrichira. C'est ainsi que font les traders. **Comme si on posait à chaque fois une brique sur un mur**.

Le processus d'enrichissement en bourse est donc un processus de long terme, que cela soit dit.

EN BOURSE

La bourse c'est vague... La bourse ce n'est pas uniquement les actions, c'est aussi les instruments dérivés, et c'est également les fonds. Vous pouvez intervenir en direct, donc en gérant vous-même vos portefeuilles, ou de manière indirecte, en confiant vos économies à un fonds spécialisé.

Dans l'absolu, puisque l'on parle avant tout de bourse, il eut fallu appeler le livre « En bourse, tout le monde peut s'enrichir », mais vous conviendrez que cela n'est pas stylistiquement très élégant !

Voilà donc contenues dans ce titre plusieurs notions qui apparaissent déjà à ce stade de votre lecture, à savoir la diversité des voies d'enrichissement, la notion de processus cumulatif, l'importance de la volonté, etc.

UN BÉMOL ?

Ce livre se veut donc le livre sur la bourse le plus universel que j'aurais écrit, mon but étant par la suite de le compléter et l'actualiser au fil des ans, mais ne pas en écrire un nouveau. Cet ouvrage sera donc mon dernier livre générique sur la bourse. Ce qui n'exclut pas que j'écrive à l'avenir des livres plus spécialisés.

Une chose à rajouter tout de même... Tout le monde peut s'enrichir en bourse, oui... Du moins tant que le capitalisme existera. Car la bourse est le reflet du capitalisme, en ce sens que le capitalisme est un système basé sur l'accumulation du capital, et que c'est précisément cette accumulation du capital, de la richesse, qui fait que la bourse ne peut que progresser sur le long terme.

Même s'il y a des krachs, des périodes baissières, cela ne dure pas. On nous disait que c'était l'apocalypse en 1929, que c'était l'apocalypse en 2008, on nous dira la même chose lors de la prochaine crise majeure. Mais tant que le capitalisme existera, la bourse se remettra de toute crise, de tout krach. D'ailleurs on peut souvent dire que lorsque le marché baisse profondément, c'est reculer pour mieux sauter.

Il faut avoir dix ans ou plus devant soi pour investir en bourse. Sur le court terme, les mouvements des marchés sont largement imprévisibles. En segmentant son capital, presque tout le monde a néanmoins dix ans devant soi, pour une partie de ses placements, car évidemment on ne placera pas en bourse l'argent dont on peut avoir besoin à court terme.

Tout le monde peut s'enrichir en bourse ? Oui… Sauf si le capitalisme venait à réellement s'effondrer durablement… Et sauf si on n'a pas une grande période devant soi. Ou bien sûr, si on n'a pas même pas 30€ par mois à épargner ! Hormis dans ces cas de figure, tout le monde peut s'enrichir en bourse, à condition de prendre la voie la plus adaptée à sa personnalité.

Le plan du livre sera articulé en 5 parties qui correspondent à peu près au titre. Ou du moins à la version peu élégante du titre : « En bourse, tout le monde peut s'enrichir ».

Je vous en souhaite donc à présent une bonne lecture !

REMERCIEMENTS

Un grand merci à l'équipe de Francebourse.com qui me soutient et m'accompagne au quotidien, dans les bons et les mauvais jours, les jours où le marché me sourit et les jours où il me donne tort.

Un grand merci à tous les lecteurs de ce média atypique et personnalisé qu'est Francebourse.com, et je vise en particulier nos fidèles abonnés qui nous font confiance par tous les temps.

Un grand merci aussi à mon ami Benoist Rousseau, immense trader, qui m'a autorisé à m'appuyer sur certains de ses écrits et qui a rédigé le best-seller « Devenez Trader Pro ! », publié aux mêmes éditions. Cette œuvre m'a donné l'impulsion et l'inspiration pour écrire le livre que vous avez entre les mains. Être amis c'est aussi se stimuler réciproquement.

COMPRENDRE CE QU'EST LA BOURSE

On ne peut pas investir en bourse sans avoir compris au préalable ce qu'est la bourse. Tout le monde sait qu'on y achète des actions. Mais peu de gens en savent plus ! Or, ceux qui s'intéressent à la bourse doivent savoir un peu plus que cela avant de penser à s'enrichir grâce à la bourse ! Le grand problème de beaucoup de particuliers qui investissent en bourse, est qu'ils n'en connaissent pas le fonctionnement. Les actions « font peur » à beaucoup d'épargnants français, pour des raisons en partie culturelles, mais aussi parce que la bourse a été mal comprise et très mal vendue par l'immense majorité des conseillers bancaires.

Cette première partie aidera le lecteur à savoir où il met les pieds. Ou plutôt, où il a mis les pieds depuis longtemps, car je présume que cet ouvrage sera acheté en grande partie par des personnes ayant déjà des portefeuilles boursiers !

1

QU'EST-CE QUE LA BOURSE ?

Commençons par le commencement. À la base, et avant que les banques n'inventent des produits complexes, en bourse, on achète des actions. Or une action est une infinitésimale part d'une entreprise.

Acheter une action revient donc à être propriétaire d'une minuscule parcelle d'une entreprise. Et il y a des millions de cette même parcelle. Donc des millions de copropriétaires. Qui se retrouvent sur un marché où il y a de l'offre et de la demande. Ce marché c'est la bourse. Si les actions sont plus demandées qu'offertes, elles montent. Si elles sont plus offertes que demandées, elles baissent. Ce n'est pas plus compliqué.

Pour réussir en bourse, il faut anticiper les actions qui seront demandées, dont le prix (ou cours de bourse) va monter, et éviter celles dont le cours va baisser. La qualité de l'entreprise compte beaucoup, mais aussi les graphiques qui indiquent, qui montrent des tendances.

La bourse est un marché organisé, on y accède aujourd'hui par internet, et les ordres de bourse (par exemple le fait de donner l'ordre d'acheter 100 actions Total et de vendre 50 actions Peugeot) sont passés en faisant appel à un « broker », ou « courtier », qui sert en quelque sorte d'interface entre le donneur d'ordres et le marché. Tous les brokers, aujourd'hui, proposent des interfaces ou plutôt des plateformes internet où il sera possible de passer des ordres d'achat et de vente. Tel n'était pas le cas il y a encore 10 ans, certains exigeaient encore d'avoir le client par téléphone.

La bourse s'est complètement numérisée et aujourd'hui tout ou presque se fait par internet.

Un marché boursier est contrôlé par une autorité de régulation qui comme son nom l'indique régule, c'est-à-dire établit des règles et les fait respecter. En France, c'est l'AMF (Autorité des marchés financiers). Qui d'ailleurs ne fait pas que réguler mais aussi informe.

Il faut savoir qu'aujourd'hui chaque banque est aussi un broker, possède sa propre plateforme de passages d'ordres de bourse par internet, mais en pratiquant des tarifs beaucoup plus élevés qu'un broker qui ne soit pas une banque. Passer ses ordres par sa banque sera uniquement adapté aux personnes qui ne passent pas beaucoup d'ordres de bourse dans l'année.

Chaque pays développé a sa propre bourse, on parle de **place financière**. Et sur chaque place financière, sont cotées plusieurs milliers d'actions. Les principales, souvent les plus emblématiques de l'économie du pays en question, voient leur cotation collective se résumer en un **indice boursier**. Cela par un jeu de pondération plus ou moins complexe dont nous n'exposerons pas les détails ; des détails sans grand intérêt pour un investisseur individuel. Il existe un marché transnational, sur lequel ne sont pas cotées des actions mais des devises, l'une par rapport à l'autre, il s'agit du Forex, qui est le marché sur lequel s'opèrent le plus de transactions au monde. On peut en quelque sorte considérer que le Forex fait partie de la bourse, même si ce n'est pas exactement la même chose !

Vu qu'en bourse, tout est question d'anticipations, on peut dire que la bourse est en quelque sorte le thermomètre des anticipations des investisseurs. Donc le baromètre de leur moral ! Parmi les grands indices boursiers mondiaux qui comptent, citons le **Dow Jones** (grandes actions américaines), le **Nasdaq** (actions américaines technologiques), le Foostie (bourse de Londres), le Dax (bourse allemande), le Nikkei (bourse de Tokyo), et aussi notre **CAC 40** national (indice synthétisant le cours de bourse de 40 entreprises françaises emblématiques de notre économie, comme Total, Sanofi, L'Oréal, Danone, etc.).

2

À QUOI SERT LA BOURSE ?

Une entreprise cotée a une valeur. Elle vaut le cours de bourse de son action, multiplié par le nombre d'actions qui existent. C'est sa valeur boursière. C'est donc le marché qui la décide.

La bourse a cet avantage (inconvénient diront certains) de pouvoir **donner une valeur objective à une entreprise**. Lorsque l'entreprise n'est pas cotée en bourse, sa valeur est déterminée par les investisseurs qui sont susceptibles d'entrer au capital pour faire partie de l'aventure. Quand la société est cotée, la valeur est déterminée par le marché, point. Cela permet aussi de donner une valeur au patrimoine des actionnaires de l'entreprise en question.

C'est comme cela que l'on mesure la fortune des personnes les plus riches. Quasiment toutes ces personnes ont de grosses parts dans des sociétés cotées en bourse.

Par exemple, Bernard Arnault, homme le plus riche de France, possède environ la moitié de « sa » société LVMH, qui vaut en bourse dans les 175 milliards d'euros. Sa fortune estimée est donc d'environ la moitié de 175 soit 80/85 milliards d'euros. Évidemment ces chiffres varient chaque jour. Et il est évident que les 85 milliards ne sont pas sur son compte en espèces. Ce sont des actions qu'il possède et il lui faudrait les vendre pour que cette somme soit concrétisée. **Voilà pourquoi on ne dira pas que Monsieur Arnault possède 85 milliards, mais pèse 85 milliards.**

La bourse permet donc d'estimer la valeur d'une entreprise par un jugement collectif, qui est celui du marché. C'est le résultat de l'offre et la demande.

Au 15 août 2019, l'action Apple vaut 200 dollars. Et il existe 4 milliards 519 millions d'actions Apple, rien que ça ! L'entreprise Apple vaut donc un peu plus de 900 milliards de dollars (4.519.000.000 x 200). Apple n'a pas été choisie au hasard, c'est l'entreprise la plus chère du monde, une des seules à avoir dépassé un jour (en 2018) le cap des 1.000 milliards de capitalisation. Le prix total d'une entreprise cotée s'appelant la **capitalisation**. Pour aller vite, car le terme exact est **capitalisation boursière.**

Donc, si vous voulez vous offrir Apple, il vous faudra non pas sortir 900 milliards de dollars, mais bien plus encore, car, à partir du moment où vous direz que vous voulez l'acheter, le titre montera : il y aura de la spéculation. Et si vous voulez ramasser les quelque 5 milliards de titres existants un à un, bon courage !

Apple n'a pas toujours valu aussi cher ! Sachez qu'en 2002 -c'était hier, mais les iPhone n'existaient pas- le titre Apple valait dans les 2 dollars. Donc l'entreprise ne valait « que » 10 milliards environ. Une misère n'est-ce pas ? Pas vraiment, car à l'époque Apple était loin, très loin de réaliser le chiffre d'affaires et les bénéfices qu'elle réalise aujourd'hui ! Apple était juste un reliquat du passé, un fantôme des années 80, essayant tant bien que mal de se relancer avec l'I-Pod.

Si vous aviez placé 10.000€ sur Apple en 2002, vous auriez 1 million d'euros aujourd'hui !

Des aventures comme celle-ci, la bourse en regorge. En France aussi. Le titre Xilam Animation valait 1€ en 2010, il vaut 32€ en août 2019. Xilam Animation est une société qui a explosé grâce à son catalogue de dessins animés qui a rencontré un gros succès ces dernières années (« Zig et Sharko » par exemple, vos enfants ou petits-enfants, ou petits frères et sœurs si vous êtes adolescent, doivent connaitre).

La bourse sert donc aussi à enrichir les investisseurs qui y placent leurs économies, leur épargne. Mais évidemment, un placement en bourse est risqué. Le risque est très élevé, ce n'est pas le livret A... Mais le potentiel de gain est aussi gigantesque. Il faut savoir ce que l'on veut : s'enrichir en prenant des risques calculés (car, comme nous le verrons plus loin, on peut calculer le risque que l'on prend en bourse), ou ne pas prendre de risques et ne pas s'enrichir, voire s'appauvrir avec les taux d'intérêt actuels !

Il y a beaucoup d'investisseurs qui s'enrichissent en bourse, mais d'autres s'appauvrissent, car il existe aussi de nombreux titres qui n'ont pas été multipliés par 50 ou par 100, mais ont été divisés par 10, 50 ou 100.

Néanmoins, si on n'utilise pas de produits à effet de levier, en bourse on peut davantage gagner que perdre. En effet, si vous achetez l'action d'une entreprise qui fait faillite, et que vous n'avez pas vendu cette action avant la faillite, vous perdez votre mise. Mais quand vous gagnez, vous pouvez gagner bien plus que votre mise comme nous venons de le voir avec Apple ou Xilam Animation. L'intérêt est de diversifier pour limiter le risque. Nous le verrons plus loin.

Si la bourse permet aux épargnants de pouvoir s'enrichir, c'est parce qu'elle permet en face aux entreprises qui recherchent du financement d'aller en trouver auprès des épargnants qui croient au projet. Cela leur évite de passer par le système bancaire. Une entreprise s'introduit en bourse, en créant des actions nouvelles qu'elle va proposer aux épargnants présents sur le marché. C'est l'augmentation de capital. Et ensuite les épargnants en question peuvent les revendre sur le marché.

La bourse, vous l'avez compris, sert donc à :

- Rendre des gens millionnaires, surtout ceux qui sont impliqués dans des projets qui prennent une vraie valeur grâce à la bourse.

- Donner une valeur objective à une entreprise, car c'est la valeur que le marché veut bien lui donner.

- Permettre à des projets d'exister, de pouvoir être financés. Y compris des projets de santé publique.

- Permettre à des entrepreneurs qui ne sont pas « dans les clous » d'emporter l'adhésion d'un public alors qu'ils n'auraient pas emporté l'adhésion des banques. Ni de quelques investisseurs privés. En bourse, c'est la psychologie des foules qui s'applique. Un projet qui ferait peur s'il était présenté à un petit groupe d'investisseurs, peut emporter l'adhésion d'un vaste public.

Si vous voulez en savoir plus sur la psychologie des foules, lisez le monument de Gustave Le Bon, « La psychologie des foules », publié en 1898, et dont vous trouverez une version moderne aux mêmes éditions qui publient le présent ouvrage.

Beaucoup de gens pensent que la bourse, malgré les vertus qui viennent d'être listées, est néfaste à l'économie. Demandez autour de vous, faites un sondage, un micro-trottoir ! Une majorité de gens en France vous diront qu'elle est néfaste. C'est faux.

Faisons un raisonnement par l'absurde. Supposons que la bourse n'existe pas. Toute entreprise qui veut se financer devrait alors passer par le système bancaire ou bien demander de l'argent à des amis/ de la famille. Ce dernier financement (on appelle cela « **love money** ») va d'ailleurs bien fonctionner pour de très petites entreprises... le coup de pouce des intimes pour démarrer... mais vous ne lèverez pas des millions ! Pour des projets demandant des dizaines de millions d'euros, comme les biotechs par exemple, à savoir les sociétés de biotechnologies, qui passent leur temps à rechercher des vaccins ou des traitements pour combattre un tas de maladies, la bourse sera nécessaire. Nous allons voir pourquoi.

Une société de biotechnologie ne gagne pas d'argent par définition, mais elle peut tirer le jackpot si son médicament ou son vaccin est concluant après des années de tests. Quelle banque voudrait financer de telles sociétés ? Aucune. C'est trop risqué. L'État les finance un peu, mais vraiment très peu ! Quant aux amis... vu que ces sociétés ont besoin de dizaines de millions d'euros, il faudrait avoir un carnet d'amis composé de personnes milliardaires et généreuses pour pouvoir faire du « love money » ! La bourse est la seule alternative pour ces entreprises, qui font régulièrement des appels publics à l'épargne, en demandant à des millions d'épargnants et à des fonds de bien vouloir investir. La bourse est la seule alternative, car en bourse les gens aiment se prendre à rêver. La bourse c'est en quelque sorte étendre le carnet d'amis à l'infini ou presque ! **La bourse c'est le réseau social du financement, par excellence !**

Sans la bourse, ces sociétés ne pourraient pas se développer, et donc pas exister ! Seuls existeraient les grands laboratoires pharmaceutiques qui rechigneraient à se lancer sur des pistes aussi risquées que le traitement de l'allergie aux cacahuètes qui concerne plus de 7 millions de personnes dans le monde et tue entre 10 et 150 personnes par an rien qu'aux États-Unis selon le rapport 2018 de GlobalData. Des sociétés comme Asit Biotech, société belge cotée en bourse, se sont lancées dans ce défi, mais pas les grands laboratoires. On peut dire que ces sociétés rendent service à l'humanité et que la bourse leur est d'une grande aide.

Sans la bourse ce serait moins d'espoirs de guérison, donc, pour des millions de gens !

Mais si la bourse n'existait pas, vous n'auriez pas non plus d'I-phone en mains ! Avez-vous vu le film sur **Steve Jobs** ? (*Jobs* de JM Stern). Une fois que vous aurez vu ce film, posez-vous la question : quelle banque aurait accepté, en 1980, de financer à hauteur de 100 millions de dollars environ, un tel personnage, aussi haut en couleur, aussi sensible et caractériel, aussi atypique, et de tels projets, si saugrenus pour beaucoup de gens à l'époque ? L'entrée en bourse d'Apple en 1980 a permis à l'entreprise de réaliser une augmentation de capital de 100 millions de dollars. Ainsi, 4.6 millions d'actions nouvelles ont été créées, à un prix de 22$ l'une. Celui qui le souhaitait pouvait donc acheter des actions Apple pour devenir propriétaire d'une partie de l'entreprise et être dans l'aventure. En quelques heures, les actions créées ont été vendues, et c'est l'entreprise Apple qui a encaissé le produit de ces ventes... normal puisqu'elle a décidé de créer de nouvelles actions. Comme exposé plus haut, c'est le principe des introductions en bourse, appelées **IPO** dans le jargon, et des augmentations de capital corrélatives à une IPO, qui font partie de ce qu'on nomme les **levées de fonds.**

Ceux qui avaient déjà des actions Apple, en l'occurrence les salariés des débuts de l'entreprise, sont devenus millionnaires puisque leur action a pris, grâce à la bourse, une valeur considérable.

Si la bourse n'existait pas, Apple n'aurait pas survécu et le monde de l'informatique, de la technologie aurait été très différent ! Votre vie aussi !

3

SPÉCULATION ET DÉRIVES DE LA BOURSE

Malgré toutes les vertus qui ont été listées, il faut savoir que la bourse n'est pas un marché idyllique. Loin de là ! C'est aussi un lieu où se propage la spéculation, moteur de la bourse, on ne peut pas le nier.

Ceux qui interviennent sur le marché spéculent sur les prix futurs des actions. À la hausse ou à la baisse. Quand ils estiment qu'une entreprise ou un secteur va progresser fortement, ils achètent, et donc cela fait monter les cours. S'ils achètent trop, s'ils vont « plus vite que la musique », alors se forme une **bulle spéculative**, c'est-à-dire une déconnexion entre les cours de bourse et la réalité des entreprises en question. Les cours planent en quelque sorte. Ils ne reflètent plus la réalité, mais juste les fantasmes des investisseurs. On a bien parlé de « **bulle interne** » au début des années 2000. Personne ne savait ce qu'était internet, mais tout le monde s'enflammait ! Et quand une bulle gonfle trop, le retour à la réalité est brutal et il peut y avoir un **krach**, à savoir un effondrement brutal et irrationnel (on dit souvent que le marché brûle ce qu'il a aimé). Tout cela est normal, car relevant de ressorts psychologiques. C'est un peu comme si un homme s'enflamme de trop pour une femme qu'il connait à peine, ou vice-versa… La fièvre monte, l'obsession amoureuse est là… à chaque instant… heure après heure… Il (elle) la (le) voit partout, les secondes sans entendre sa voix sont longues… C'est l'euphorie. La passion. Et à la moindre déception, c'est un dur retour à la réalité, voire une déprime, peut-être même une dépression passagère ! La bulle, puis le krach ! Points communs entre l'amour passionnel et la bourse : les ressorts psychologiques humains !

La bourse est un marché assez peu régulé, malgré l'existence d'une autorité de régulation, où peuvent se diffuser facilement de fausses informations destinées à faire monter ou bien baisser une action. Les sanctions existent, et heureusement, mais leur existence n'évite pas les fausses informations de se propager !

Il faut savoir qu'en bourse, les particuliers comme vous et moi ne représentent que 10% à peine des intervenants et des volumes traités. Les 90% restants, ce sont des fonds, des banques, des entreprises…

Il faut savoir qu'en bourse on a le droit de vendre une action qu'on ne possède pas, avec l'espoir de la racheter plus tard à un prix plus bas. C'est comme si je vous disais que je vous vends la voiture de mon voisin pour 10.000€ et qu'ensuite, une fois que vous m'aurez payé, j'irai frapper à la porte du voisin pour lui acheter sa voiture à 8.000€ et vous la livrer. C'est ce qu'on appelle **la vente à découvert.**

Ce type de pratique, très usitée des traders, a l'avantage de fluidifier le marché, de l'équilibrer pour que tout ne monte pas tout le temps... Mais c'est aussi très dangereux, car les pertes peuvent cette fois excéder la mise ! En effet si vous vendez une action à 1€ et qu'elle monte à 3€... que vous devez alors la racheter à 3€ pour honorer votre position vendeuse, vous perdez 2€ soit 2 fois votre mise !

La vente à découvert est souvent utilisée par les gros intervenants pour faire baisser une action et faire paniquer les petits. Dans le but de pouvoir racheter encore plus bas. Cette technique, généralisée à l'ensemble du marché, est parfois à l'origine de krachs boursiers comme en 1998 ou en 2011. Durant l'été 2018, le fonds américain Muddy Waters a fait lourdement, très lourdement chuter le titre Casino sur la bourse de Paris. Ce qui mit l'entreprise à genoux, car du coup sa valeur boursière (qui comme indiqué plus haut est sa valeur objective) a fondu comme neige au soleil, ce qui lui a rabaissé considérablement son potentiel de négociation avec les banques.

Plusieurs cas comme cela, généralisés à des indices, provoquent des krachs boursiers. Seulement, quand il y a un krach boursier, les entreprises qui veulent lever des fonds sur le marché ne trouvent plus rien, car tout est alors asséché et que la confiance est perdue. Hélas cela peut provoquer des faillites. La spéculation effrénée peut donc empêcher des projets d'exister, que cela soit dit.

Ainsi, en 2011, une société cotée (Easydentic) a été amenée à déposer le bilan, car elle n'a pas trouvé les fonds dont elle avait besoin, le marché étant alors dans une déprime totale. Cette société voulait lancer un défibrillateur portable... Dommage ! Voilà peut-être des vies humaines qui ont été sacrifiées sur l'autel du profit instantané. Car le projet de cette société a été présenté au mauvais moment, au moment où la spéculation baissière battait son plein.

La bourse n'est pas un système de financement idyllique, mais je dirais, à l'aune de ce qui vient d'être exposé, qu'elle apporte plus à l'économie et à la société qu'elle n'en retire.

Je vous renvoie, via les QR codes suivants, à quelques conférences publiques que j'ai eu l'occasion de donner sur ce sujet :

- « Le vrai rôle des marchés » :

https://www.youtube.com/watch?v=tN6fVgMx5as

- « Le financement par la bourse » :

https://www.youtube.com/watch?v=8ijd5EAxedE

4

QUE PEUT-ON ACHETER ET VENDRE EN BOURSE ?

Les actions, bien sûr

Nous venons de voir qu'en bourse on peut acheter et vendre des actions qui sont de minuscules parcelles d'entreprises, et d'ailleurs, donnent droit en général à voter à l'Assemblée Générale des actionnaires, même si très peu d'actionnaires individuels utilisent ce droit de vote.

Chaque action se repère avec un **code ISIN**. Un code ISIN est une nomenclature internationale permettant de repérer une action. Un peu comme un code-barre sur un produit manufacturé. Ce code ISIN comporte 12 caractères dont les 2 premières lettres correspondent à la nationalité de l'entreprise.

Par exemple :

- Code ISIN de TOTAL : FR0000120271

- Code ISIN de APPLE : US0378331005

- Code ISIN de NESTLÉ : CH0038863350

Le code ISIN est souvent accompagné d'un mnémo en 2 à 4 lettres, qui permet de parfaire l'identification. Ce mnémo ne correspond pas forcément aux initiales ou premières lettres de l'entreprise. Pour reprendre le dernier exemple, le mnémo de Total est FP, celui d'Apple est AAPL et celui de Nestlé est NESN. En général le code ISIN ou le mnémo suffit à identifier une action mais lorsqu'on a un doute, on utilisera les deux.

Au fur et à mesure du temps, les banques et les institutions financières ont créé d'autres instruments que les actions. En quelque sorte, si on devait résumer brutalement la fonction de ces autres instruments, on peut dire qu'ils permettent de parier sur la trajectoire future des actions ou des indices boursiers.

Les obligations

En bourse, vous avez compris qu'une entreprise vous propose d'acheter une part infinitésimale de son capital, pour que vous soyez dans l'aventure. Ce sont donc des titres de propriété qui sont vendus en bourse, qui vous donnent le droit d'aller aux assemblées générales des sociétés dont vous êtes actionnaire.

Mais parfois, une entreprise, pour se financer, n'aura pas spécialement envie de faire entrer beaucoup de monde au capital ! Parfois, une entreprise préfère tout simplement emprunter. Or nous savons que c'est de plus en plus difficile d'emprunter auprès des banques, surtout pour les PME ! Il y a la possibilité d'emprunter sur le marché. Auprès de gens comme vous et moi, mais aussi auprès de fonds. L'entreprise émet alors non pas une action (titre de propriété), mais une **obligation** (titre de créance). Vous avez sûrement entendu parler des obligations... Cela s'appelle ainsi, car l'entreprise qui émet une obligation a des obligations envers ceux qui la souscrivent, tout simplement ! Obligation de rembourser la somme empruntée, mais aussi obligation de servir un intérêt chaque année. Attendez... il ne faut pas se moquer du peuple ! On vous sollicite pour que vous prêtiez de l'argent, vous n'avez pas d'actions en contrepartie... on vous propose de vous rembourser dans 5 ans... parfois 10 ans... Il est normal que chaque année on vous serve un intérêt ! Et pas un petit s'il vous plaît !

Le taux d'intérêt proposé va dépendre de plusieurs choses :

- Le risque intrinsèque de l'entreprise. Il est évident qu'une grande et vieille entreprise comme Michelin n'aura pas besoin, pour attirer du monde, de servir un taux d'intérêt gigantesque ! Alors que la petite société biotechnologique belge, totalement inconnue du public, devra elle ramer avec des taux élevés pour trouver son public !

- Les taux d'intérêt monétaires, donc sans risque (le livret A et tout le reste). Vu qu'un placement obligataire est plus risqué qu'un livret A, il faudra bien récompenser le risque par un taux d'intérêt plus élevé que celui du livret A !

- La durée du placement. Plus celle-ci est longue avant le remboursement, plus il faudra rémunérer votre patience chaque année !

Nous parlions de Michelin. Précisément, le 29 août 2018, Michelin a annoncé avoir réussi à lever 2.5 milliards d'euros (rien que ça) sur le marché obligataire. Certains particuliers ont souscrit, c'est évident. Michelin a ainsi émis :

- Des obligations ayant 7 ans de maturité (autrement dit, si vous achetez pour 10.000€ d'obligations, les 10.000€ vous seront remboursés par Michelin dans 7 ans, pas avant). Ces obligations étant assorties d'un taux d'intérêt annuel de 0.87% par an.

- Des obligations ayant 12 ans de maturité (même principe, mais avec 12 ans au lieu de 7). Le taux d'intérêt est cette fois de 1.75% par an.

- Des obligations ayant 20 ans de maturité (maintenant vous avez pigé), avec un taux d'intérêt de 2.5% par an.

Certaines sociétés ont recours à des obligations convertibles en actions, c'est-à-dire que le souscripteur aura la faculté de les convertir en actions plutôt que de se faire rembourser. N'entrons pas dans les détails, ce livre n'est pas un manuel de financement des entreprises !

Maintenant que vous avez compris qu'une entreprise peut se financer de cette manière, sachez que les états aussi peuvent se financer de cette manière. Contrairement aux entreprises, les états ne peuvent pas se financer par l'émission d'actions, car ils n'ont pas de capital ! Vous ne pouvez pas être propriétaire d'une partie de l'Italie par exemple ! Donc, pour se financer, les États procèdent essentiellement ainsi. Et comme c'est facile d'émettre des obligations, c'est de cette manière que les États qui en veulent toujours plus s'endettent ! Les États émettent donc des obligations et ce sont des particuliers, des entreprises, des fonds, des banques, mais aussi d'autres états qui y souscrivent. Les obligations en question sont cotées sur le marché obligataire, et leur cours varie chaque jour en fonction de la santé de l'Etat en question.

Supposons que la France ait émis 1 milliard d'euros d'obligations à un taux de 1% par an. Si la France va mal, ou se met à faire peur (cela serait le cas si un parti extrémiste populiste arrive au pouvoir), le cours de son obligation va baisser, et donc le taux d'intérêt va monter. Si le cours de l'obligation est divisé par 2, le taux d'intérêt sera alors de 2% au lieu de 1%. Et les obligations suivantes seront émises avec un taux de l'ordre de 2%.

La logique est toujours la même qu'en bourse : plus un état rassure, moins il a besoin de servir un gros taux d'intérêt. À l'inverse, plus il fait peur, plus le taux d'intérêt en question monte.

La France émet différents types d'obligations, mais la plus connue est l'**OAT France 10 ans**. La France émet régulièrement de telles obligations pour se financer.

Il se situe actuellement autour de 0% ! Ce qui signifie que les investisseurs ont confiance aveugle dans la France.

Récemment, la Turquie a vu ses taux obligataires flamber, et donc le cours de ses obligations s'effondrer en raison des tensions géopolitiques avec les États-Unis, en raison aussi de la faible croissance économique, et d'une inflation énorme. Les obligations turques rapportaient, au 30 août 2018, plus de 20% par an ! Le marché a estimé qu'il y avait un risque important que la Turquie ne rembourse pas ses créanciers, comme c'était le cas pour la Grèce en 2011... Et donc il le fait sentir de façon extrême ! Un an après, en août 2019, le taux obligataire a légèrement baissé en Turquie mais reste très élevé, à 16% par an. **Quand le taux baisse, cela signifie que le cours de l'obligation en question, qui est cotée, monte.** C'est important de le comprendre.

Les warrants

Un warrant est un instrument dérivé, émis par les banques, qui s'achète et se vend exactement comme une action, se repère avec son code ISIN, et est donc particulièrement accessible aux particuliers via leur broker ou même l'interface de leur banque en ligne. Ce produit possède un **effet de levier** qui donne à l'investisseur la possibilité d'avoir des gains élevés mais en augmentant fortement le risque par rapport une action. En effet, **l'effet de levier** augmente la sensibilité aux variations du **sous-jacent**. L'investisseur achetant un warrant, possède le droit, sans obligation, d'acheter ou de vendre une quantité prédéfinie d'un actif à un prix fixé à l'avance (Prix d'exercice ou "**strike**"), à tout moment ou à une date d'échéance (prédéfinie). En effet alors qu'on peut se séparer d'un warrant américain à tout moment, on ne se sépare du warrant européen qu'à l'échéance du contrat.

Warrant Call

- Un warrant Call permet d'acheter une quantité prédéfinie d'un actif (action ou indice, ou devise, appelé sous-jacent) à une échéance convenue ou pendant toute la durée du contrat, à un prix d'exercice prédéfini. L'investisseur doit alors payer une prime en contrepartie.

1- Si Prix d'exercice > Prix du sous-jacent : On dit que le warrant est hors de la monnaie.

2- Si le Prix d'exercice = Prix du sous-jacent : On dit que le warrant est à la monnaie

3- Si le Prix d'exercice < Prix du sous-jacent : On dit que le warrant est dans la monnaie

Warrant put

- Un warrant put permet de vendre une quantité prédéfinie d'un actif à une échéance convenue ou pendant toute la durée du contrat, à un prix prédéfini. L'investisseur doit alors payer une prime en contrepartie.

1- Si le Prix d'exercice > Prix du sous-jacent : On dit que le warrant est dans la monnaie

2- Si le Prix d'exercice = Prix du sous-jacent : On dit que le warrant est à la monnaie

2- Si le Prix d'exercice < Prix du sous-jacent : On dit que le warrant est hors de la monnaie

Pourquoi utiliser un warrant ?

Les investisseurs achetant un warrant veulent bénéficier d'un fort effet de levier indexé sur le sous-jacent et donc d'augmenter les possibilités de gains. En effet, un faible mouvement du sous-jacent entraine une forte variation du prix warrant.

En gros, un call sert à parier sur la hausse de son sous-jacent ! Et un put servira à parier sur la baisse de son sous-jacent.

Les trackers ou ETF

Les trackers ou ETF, sont des produits financiers sans date d'échéance, qui donnent la possibilité de reproduire les fluctuations d'un actif donné, le sous-jacent, souvent un indice mais il peut s'agir aussi de l'or, du pétrole, etc. En anglais, tracker signifie pister. On peut donc dire que ce sont des produits financiers qui pistent les sous-jacents.

Le principe du tracker est proche de celui des SICAV ET FCP, sans les frais de gestion importants de ces derniers. Lorsque l'on est convaincu de la hausse d'un indice sur une période de temps, mieux vaut acheter un tracker que des actions appartenant à cet indice.

Les trackers sont aussi faciles d'accès que les actions standards, ils sont repérés eux aussi par un code ISIN et un mnémo. On trouve plusieurs types de trackers, avec des niveaux de risques adaptés aux différents types de stratégie.

Il existe des trackers qui ne reproduisent pas les fluctuations du sous-jacent mais les doublent, ou les triplent. Par exemple, le tracker appelé LVC (du nom de son mnémo, tout simplement). Il double la performance du CAC 40. Si le CAC 40 gagne 1.4%, il gagnera 2.8. Inversement si le CAC 40 perd 0.6% il perdra 1.2%. Parfois certains petits ajustements font que ces chiffrent ne soient pas exacts. Cependant l'ordre de grandeur est bien là.

Enfin il existe des trackers qui inversent le sens de variation du sous-jacent, en le multipliant. Le plus connu d'entre eux est le BX4, du nom, là encore, de son mnémo. Le BX4 réalise exactement l'inverse du CAC 40 mais avec un coefficient 2. Ainsi, si le CAC 40 gagne 1.5% le BX4 perdra 3%. Si le CAC 40 perd 2.8%, le BX4 gagnera 5.6%. L'intérêt de cet instrument, très connu des particuliers qui investissent en bourse, est de pouvoir gagner quand le marché baisse sans pour autant pratiquer de la vente à découvert. Et le second intérêt est de pouvoir protéger un portefeuille d'actions diversifié. Nous verrons cela plus loin dans cet ouvrage.

Les futurs

On parle de futurs par facilité de langage mais en fait il s'agit de contrats sur futurs. Nous arrivons là sur des outils plus sophistiqués, qui ne seront pas accessibles chez tous les brokers mais uniquement chez les plus spécialisés dans le trading, car ce sont les traders qui seront en premier concernés par ce type d'instruments.

Un contrat à terme (*future*) a lieu entre un acheteur (position longue) et un vendeur (position short) sur le marché à terme qui est un marché organisé c'est à dire officiel comme Eurex. Dans ce contrat sont définis l'heure de la transaction, le produit de la transaction, le prix de la transaction ainsi que la date future où celui-ci devra être livré. Ce type de contrat bénéficie de prix standardisés avec des délais de livraison précis.

Les contrats à terme étaient à l'origine utilisés pour les récoltes agricoles afin d'empêcher les crises dans le secteur des matières premières. Ils servaient de couverture pour les producteurs de matières premières qui pouvaient s'assurer de vendre leurs récoltes à un prix fixe malgré une éventuelle baisse des cours.

De nos jours, les contrats à terme sont utilisés dans le cadre de la spéculation. Ils font partie des produits financiers les plus échangés au monde. Ceux-ci peuvent concerner tous types de produits telles les actions, les obligations, les matières premières, les indices boursiers...

Un contrat à terme peut se représenter avantageux pour une partie ou une autre et/ou, au contraire, à perte :

En effet, imaginons qu'un vendeur A décide de céder un contrat à terme d'une valeur de 200 €, dans un an, à un acheteur B, si le cours du produit vendu augmente de 20 € dans un an, le vendeur A aura perdu 20 € et l'acheteur B aura fait une affaire en achetant un produit moins cher que sa valeur.

Les contrats sur futures les plus tradés aux États-Unis sont le future YM qui correspond à l'indice Dow Jones, le contrat future ES qui correspond à l'indice S&P 500 et le contrat future NQ qui correspond à l'indice

Nasdaq 100. En Europe, les plus tradés sont le contrat future DAX qui correspond à l'indice DAX 30 Allemand et le contrat future FCE qui correspond à l'indice CAC 40 Français.

Les CFD

Un CFD (Contract for differences en anglais ou contrat de différence en français) est un produit dérivé qui permet de spéculer facilement et à moindre coût sur les indices boursiers (CAC 40, Dax 30, Dow Jones 30 par exemple), sur une action (Google, Renault...), sur des matières premières (pétrole, or, blé...), des devises... Le CFD reproduit les variations de "l'original" très précisément. Ces instruments, bien que spéculatifs, sont plus adaptés aux particuliers que les futurs. Cependant, là encore nous sommes sur des instruments principalement réservés à ceux qui veulent faire du trading et non de l'investissement boursier classique. À ce titre, seuls certains brokers proposent des CFD ; vous n'en trouverez pas sur votre banque en ligne.

Les CFD proposent des leviers très importants ce qui aussi un désavantage car l'utilisateur non averti peut vite se trouver non seulement ruiné mais endetté.

Cependant, avec un seul compte CFD, vous pouvez tout trader : les monnaies, les indices, les actions françaises, les actions européennes, les actions américaines, le blé, le pétrole, l'or, l'argent, le sucre... Vous pouvez aussi "shorter" sur CFD, c'est à dire vendre ce que vous n'avez pas pour l'acheter (le racheter) plus tard à un prix inférieur (dans l'idéal). Par exemple, vous vendez 500 CFD action Axa à 20€ le 5 septembre. Vous achetez (rachetez) le 8 septembre les 500 CFD action à 19€. Vous venez de gagner 500€. Bien entendu, si le cours avait monté à 21€ et que vous vous étiez "racheté", vous auriez perdu 500€.

Les frais sont généralement moins élevés que si vous achetiez directement une action par exemple.

Les CFD offrent l'avantage de proposer une gestion plus fine : par exemple vous pouvez trader le CAC 40 à 1 ou 2€ le point. Sur Futures par exemple, c'est 10€ le point, impossible de fractionner un ordre. Ainsi, si le CAC 40 est à 5010 points, et que vous anticipez qu'il montera à 5050 points, en tradant à 2€ le point, vous pourrez gagner 40x2 = 80€, cela en misant la somme correspondant au montant de l'indice, soit ici 5010 points. Mais vous pouvez aussi trader à 100€ le point ! Cependant cela devient bien plus risqué.

Il faut savoir que les CFD cotent quasiment 24 heures sur 24. Ainsi vous pouvez vendre votre CFD CAC 40 à 21h00 alors que la Bourse de Paris n'est pas ouverte. Le cours est alors "estimé" par votre broker en fonction des cours des bourses ouvertes à ce moment-là (dans notre cas en fonction de Wall Street, et si c'était à 4h00 du matin ce serait en fonction de Tokyo).

Les CFD n'ont pas d'échéance contrairement aux Futures, ce qui permet une gestion plus simple.

5

QUI INTERVIENT EN BOURSE ?

Pour bien s'orienter en Bourse, il faut savoir qu'il y a 4 types d'intervenants majeurs sur un marché boursier : les investisseurs, les émetteurs, les intermédiaires et les autorités de marché.

Les investisseurs

Ce sont ceux qui achètent des actions ou autres instruments, et donc forcément les vendent.

Il y a bien sûr les particuliers comme vous et moi, des particuliers qui s'organisent parfois en clubs d'investissement. Il faut savoir que les particuliers ne représentent pas 10% des volumes d'échange sur la bourse de Paris !

Il y a les entreprises, qui peuvent ainsi placer et gérer leur trésorerie même si cela est déconseillé. Il arrive

TOUT LE MONDE PEUT S'ENRICHIR EN BOURSE

aussi qu'une entreprise ramasse sur le marché les actions d'une autre entreprise lorsqu'elle veut la racheter, et lancer une OPA (offre publique d'achat). C'est pourquoi il est toujours important de surveiller les volumes d'échange en bourse, et de repérer les volumes anormaux.

Les états peuvent aussi intervenir par le biais de leur Banque Centrale. Pour en savoir plus sur la Banque centrale, lire mon ouvrage « l'économie ? Rien de plus simple ! ». La BCE est déjà intervenue sur le marché pour acheter des actions, soutenir et fluidifier le marché.

Et bien sûr, le plus gros des volumes est réalisé par ce que l'on nomme les investisseurs institutionnels ou parfois les « zinzins ». Il s'agit des banques, qui achètent des obligations d'Etat, et entrent aussi dans le capital d'entreprises, plus ou moins grandes. Il s'agit aussi des compagnies d'assurance, et surtout des fonds de pension et des OPCVM, les fameux fonds ! Les fonds peuvent soit être gérés par les banques (les fonds Amundi de la Société Générale par exemple), soit par des sociétés de gestion privées, comme Rothschild ou encore Carmignac.

Les particuliers qui ne veulent pas directement investir en bourse confient leur épargne à un fonds qui la place à sa guise.

Acheter des parts d'un fonds, ce n'est pas investir en bourse. C'est investir dans un fonds qui investira en bourse, nuance !

Les émetteurs

Les émetteurs, ce sont ceux qui proposent leurs titres, qu'il s'agisse d'entreprises pour les actions, d'États pour les obligations ou de banques pour les instruments dérivés.

Vous comprenez aisément que Michelin par exemple, peut à la fois être émetteur (par exemple via ses obligations émises en 2018 dont il a été question ci-dessus), et investisseur si Michelin veut acheter des actions, obligations ou autres !

En revanche, un particulier ne peut pas être émetteur ! Un particulier ne peut rien coter sur le marché boursier.

Les intermédiaires

Comme cela a été vu précédemment, les intermédiaires sont constitués par les banques et les brokers qui permettent en définitive aux émetteurs et aux investisseurs d'entrer en contact, mais aussi aux investisseurs d'entrer en contact entre eux (les acheteurs et les vendeurs), tout cela se faisant par internet aujourd'hui.

Les autorités de régulation

AMF en France, SEC aux États-Unis... Chaque pays a son autorité de régulation qui protège, informe et veille. L'autorité de régulation contrôle et supervise mais n'intervient pas, donc n'achète pas ni ne vend d'instruments financiers.

L'AMF protège l'épargne des particuliers, informe les investisseurs des mauvaises pratiques et des sanctions infligées à tel ou tel émetteur, tel ou tel investisseur, tel ou tel intermédiaire... Et l'AMF veille en surveillant assidument ce qui se passe sur le marché, en repérant les volumes anormaux par exemple, afin de diligenter éventuellement une enquête en secret... ou pas.

6

ON PEUT INVESTIR EN BOURSE SANS CAPITAL DE DÉPART !

Si je vous disais qu'il faut avoir au minimum 100.000€ devant soi pour intervenir en bourse et pouvoir s'enrichir, je contredirais le titre de mon livre !

Il n'y a pas de minimum requis. Disons que plus votre capital sera élevé, plus vous pourrez réaliser des opérations sophistiquées, prendre plus de risque en utilisant des effets de levier ou des produits dérivés... Plus vous pourrez diversifier aussi.

Mais avec 500€ déjà, vous ne pourrez certes pas vous abonner à des flux de recommandations ou à des logiciels d'analyse, mais vous pourrez ouvrir un PEA et acheter des lignes d'action.

Vous pouvez démarrer en bourse à partir du moment où vous avez de quoi acheter des actions. Vu qu'il existe des actions à moins de 1€, sur le papier donc, même avec 1€ vous pouvez intervenir en bourse !

Soyons sérieux... Pour vraiment pouvoir commencer à investir et à voir son capital croitre, il faut être capable de placer quelques centaines d'euros. Nombreuses sont les success-stories de personnes qui ont commencé avec quelques centaines d'euros et se sont considérablement enrichies.

Mais si vous n'avez pas 500€ devant vous, que vous n'avez RIEN, vous pouvez quand même vous enrichir en bourse ! Car vous pouvez penser à l'**investissement programmé**. Très peu de gens y pensent, car ils préfèrent épargner et capitaliser dans un livret A, mais cela est une énorme erreur.

Lorsque l'on donne des recommandations, on a trop souvent le tort de considérer que l'investisseur à qui on donne ces conseils à un bon capital de départ et rien d'autre. Tel est le principe d'un portefeuille virtuel comme ceux que l'on trouve dans les lettres confidentielles payantes sur abonnement, y compris celles dont je suis Rédacteur en Chef. La réalité des gens est souvent bien différente. D'où l'utilité d'un tel ouvrage.

Les investisseurs disposent en effet d'un capital, c'est-à-dire un stock de liquidités, mais tout le monde ou presque a des revenus réguliers qui peuvent être épargnés. C'est-à-dire un flux monétaire récurrent. Aussi, plutôt que de gérer un stock de liquidités, il convient d'intégrer cette dimension de flux dans votre gestion personnelle.

En fonction des revenus que vous percevez mensuellement et de la part de ces revenus que vous pouvez épargner et consacrer à la bourse, il est intéressant de miser régulièrement, chaque mois par exemple, sur une valeur sur laquelle vous aurez jeté votre dévolu. Cela peut se faire également sur plusieurs valeurs. L'avantage de cette façon d'investir est que vous lissez le prix de revient de l'action ou des actions en question au fil du temps. Cela est particulièrement intéressant sur les titres qui baissent et dont on sait pertinemment qu'ils finiront par remonter.

Par exemple, si vous investissez sur l'action Orange, et que vous misez 50€ tous les mois sur cette action, votre prix de revient au bout d'un an ou deux ans sera un prix de revient lissé par les fluctuations du marché. **Et dans ce cas, surtout sur des grandes valeurs connues, une période de baisse vous sera très favorable à long terme car vous en aurez profité en réduisant votre prix de revient.**

Il est beaucoup plus intéressant, sur une longue période, d'épargner chaque mois 50€ sur son PEA et d'acheter toujours la même action, s'il s'agit d'une action assez stable et sans gros risques intrinsèques (de préférence donc une grande entreprise connue de tous) plutôt que de placer ces 50€ sur un livret A surtout avec un taux annuel de 0.75% qui n'est pas prêt de remonter !

Si vous placez 50€ par mois sur un livret A dans le contexte actuel d'un taux à 0.75%, vous aurez au bout de 10 ans, un capital de 6231€, le montant des intérêts perçus se limitant à 231€.

Faisons le même raisonnement dans le cas de l'action Orange, action emblématique de la bourse de Paris. Je prends cet exemple car c'est une action qui n'a pas du tout brillé. Au contraire : ce titre valait 17€ début 2010 et vaut 13.5€ fin 2019. Soit une baisse de 20%. Je vais vous prouver qu'il vaut mieux investir sur le long terme sur une action perdant 20% que sur un livret A !

Vous avez donc 50€ par mois à investir. Le mieux est de faire cela dans un PEA pour des raisons fiscales. Car vos plus-values, au bout de 8 ans d'existence du PEA, sont exonérées d'impôt.

Quand vous achetez une action en bourse, il faut payer des frais de bourse. Si vous n'avez qu'une petite somme de 50€ par mois à investir, il est inconcevable de donner à chaque achat 3€ ou plus à votre banque ou votre courtier. Voilà pourquoi, ce que je vous recommande dans le cas présent, c'est de placer vos 50€ chaque mois sur votre PEA mais d'attendre le 1er janvier de chaque année, par exemple, pour acheter l'action sur laquelle vous aurez jeté votre dévolu.

Prenons donc Orange.

En 2009, vous aurez placé 50€ par mois sans utiliser ces liquidités. Le 1er janvier 2010 vous auriez eu 600€. Le titre Orange était à 17€. Avec 600€ vous auriez acheté 35 titres.

Puis toute l'année 2010, vous auriez continué à placer 50€ par mois sur votre PEA.

Le 1er janvier 2011 le titre était à 15.75€. Vous auriez acheté 600/15.75 = 38 titres.

Le 1er janvier 2012 le titre était à 12.15€. Vous auriez acheté 49 titres.

Le 1er janvier 2013 le titre était à 8.25€. Vous auriez acheté 72 titres.

Le 1er janvier 2014 le titre était à 8.85€. Vous auriez acheté 67 titres.

Le 1er janvier 2015 le titre était à 13.50€. Vous auriez acheté 44 titres.

Le 1er janvier 2016 le titre était à 16.40€. Vous auriez acheté 36 titres.

Le 1er janvier 2017 le titre était à 14.40€. Vous auriez acheté 41 titres.

Le 1er janvier 2018 le titre était à 14.50€. Vous auriez acheté 41 titres.

Le 1er janvier 2019 le titre était à 14.10€. Vous auriez acheté 42 titres.

Fin 2019 vous auriez donc 465 titres.

Le titre vaut 13.5€ en septembre 2019. Vous auriez donc 465x13.5 = 6277€.

Orange a versé les dividendes suivants (par action) :

2010 : 1.40€

2011 : 1.40€

2012 : 1.40€

2013 : 0.80€

2014 : 0.80€

2015 : 0.60€

2016 : 0.60€

2017 : 0.60€

2018 : 0.65€

2019 : 0.70€

En 2010 vous auriez eu 35 titres.

En 2011, 35+38 = 73 titres.

En 2012, 73+49 = 122 titres.

En 2013, 122+72 = 194 titres.

En 2014, 194+67 = 261 titres.

En 2015, 261+44 = 305 titres.

En 2016, 305+36 = 341 titres

En 2017, 341+41 = 382 titres

En 2018, 382+41 = 423 titres

En 2019, 423+42 = 465 titres.

Compte tenu des dividendes versés, vous auriez donc perçu :

En 2010 : 1.40x35 = 49€

En 2011 : 1.40x73 = 102€

En 2012 : 1.40x122 = 170€

En 2013 : 0.80x 194 = 155€

En 2014 : 0.80x261 = 209€

En 2015 : 0.60x305 = 183€

En 2016 : 0.60x341 = 205€

En 2017 : 0.60x382 = 229€

En 2018 : 0.65x423 = 275€

En 2019 : 0.70x465 = 325€

Total : 1902€

En supposant que chaque ordre de bourse vous ait coûté 10€, soit 100€ en tout, vous auriez donc en septembre 2019, sur votre PEA :

6277+1902-100 = 8079€

Contre 6231€ dans le cas d'un livret à 0.75% par an.

Soit 30% de plus. Cela sans même placer les dividendes, auquel cas votre PEA aurait un montant probablement bien supérieur.

Si, au lieu de placer 50€ par mois, vous aviez placé 200€ par mois sur votre PEA, les chiffres vous paraitront encore plus éloquents.

En effet, avec un livret à 0.75% par an, au bout de 10 ans vous auriez 24.924€. Avec un investissement programmé sur Orange vous auriez 32.516€ (en estimant à 20€ par an les frais de bourse pour votre placement annuel).

Et cela, avec un titre comme Orange, qui, rappelons-le, a perdu 20% sur la période considérée. Imaginez avec un titre qui aurait encore plus baissé et encore mieux remonté !

Voilà donc la preuve par l'exemple qu'en choisissant une action qui a pignon sur rue, qui offre un beau rendement, qui a une belle tradition de rendement, vous pouvez, sans aucun capital de départ, vous enrichir en bourse sur la durée !

Évidemment cette forme d'investissement doit avoir une limite dans le temps. Il vous est déconseillé, au-delà de 10 ans, d'investir sur la même action, il faudra, à un moment donné, passer à une action différente.

Si vous pratiquez l'investissement programmé, il sera préférable de mettre votre compte chez un broker (courtier) et non à votre banque car les frais de transactions sont bien plus élevés dans les banques que chez les courtiers.

TROUVER SA VOIE POUR S'ENRICHIR

La plus grosse erreur que peut faire un particulier voulant se lancer en bourse serait de suivre aveuglément des conseils, des forums, sans savoir au préalable quelle voie il veut emprunter.

Si vous voulez aller de Paris à Nice, allez-vous prendre l'autoroute, la nationale ou les petites routes de campagne et de montagne en découvrant les paysages et cela sur plusieurs jours ? Ou bien prendrez-vous le train ? L'avion ? Le vélo ? Votre choix sera fonction de vos préférences, votre disponibilité, votre état d'esprit, vos phobies, etc.

Avoir un but c'est bien mais si le chemin pour y parvenir ne vous convient pas, il se peut que vous n'atteigniez jamais votre but. Si vous n'êtes pas fait pour trader, vous allez vite vous ruiner en tradant.

On ne peut pas investir en bourse sans avoir compris au préalable qu'il y a plusieurs manières de faire, et surtout que toutes les manières ne vous conviendront pas. Une seule sera faite pour vous, deux maximum.

Chacun devra donc trouver sa voie et nous allons ici passer ces voies en détail.

7

PRÉSENTATION GÉNÉRALE DES DIFFÉRENTES VOIES

Il est difficile d'établir une classification. En tous cas il n'existe pas de classification officielle des différentes manières d'intervenir en bourse. Je vais donc élaborer ici une classification qui se voudra la plus objective possible.

Tout d'abord on peut distinguer la gestion directe de la gestion déléguée.

Dans le cadre de la gestion déléguée, vous ne gérez rien, vous déléguez la gestion de votre portefeuille à une personne accréditée.

Pour les plus petits portefeuilles, de quelques milliers ou dizaines de milliers d'euros, il s'agira en général de parts de fonds (SICAV ou FCP) achetés sur votre compte bancaire, votre PEA ou surtout votre assurance-vie ! **Beaucoup de gens détestent la bourse mais il faut pourtant savoir que les contrats d'assurance-vie, très populaires en France, sont très souvent investis en bourse.** À part les fonds en euros, qui ont de moins en moins de succès car ils sont de moins en moins rémunérateurs, le reste des fonds dont vous avez des parts sur vos assurances-vie est plus ou moins investi en bourse.

Pour les plus gros portefeuilles, il s'agira soit de gestion sous mandat (vous payez quelqu'un pour gérer votre portefeuille mais vous n'avez que très peu de marge de manœuvre), soit de parts de fonds achetés dans des institutions spécialisées non bancaires appelées sociétés de gestion (en France, Carmignac est la plus connue). Il faut savoir que la gestion déléguée concerne bien plus de monde que la gestion directe car on entend souvent cette phrase : *« je préfère faire confiance à quelqu'un dont c'est le métier que de gérer moi-même »*. Ainsi, il y a en France environ 250 milliards placés en bourse directement par des particuliers (chiffres à fin 2018 selon le rapport annuel de l'Observatoire de l'Épargne Réglementée), contre 1500 milliards d'euros placés en assurance-vie, l'assurance-vie constituant la plus grosse partie de la gestion déléguée.

Cela fait en gros 85% des liquidités placées en bourse qui sont en gestion déléguée, et 15% qui sont en gestion directe.

Dans la cadre de la gestion directe, c'est vous qui êtes aux commandes. Que ce soit via votre compte-titres, votre PEA, votre PEA PME ou autre, vous êtes aux commandes, vous achetez, vous vendez. Impossible hélas sur une assurance-vie ! La Loi ne le permet pas. Voilà pourquoi l'assurance-vie reste donc la chasse gardée de la gestion déléguée.

Mais c'est bien sûr dans le cadre de la gestion directe, qui vous intéresse en premier lieu si vous avez acheté ce livre, que vous avez le choix entre plusieurs voies possibles et qu'il ne faut surtout pas faire d'erreur !

Je distingue 3 grandes manières de faire, donc 3 voies :

- l'investissement de type rentier.

- le boursicotage (n'ayons pas peur des mots, c'est ce qui désigne ce que la plupart des particuliers réalisent en bourse).

- le trading.

En gros, vous avez 3 grands profils différents : rentier, boursicoteur, trader.

Encore une fois, le mot « boursicoteur » fait un peu péjoratif, il faudrait dire « investisseur », mais un particulier n'est pas vraiment assimilable à un investisseur, sauf à disposer d'un compte de plusieurs millions d'euros.

Comme nous le verrons, chaque voie est très diffé-rente, elle est déjà elle-même à subdiviser, et surtout,

chaque voie s'adresse à un profil psychologique différent.

Nous allons explorer chacune de ces voies, avec leurs avantages et inconvénients ; en commençant par la gestion déléguée qui tente un certain nombre de particuliers, y compris d'ailleurs ceux qui investissent en direct, car après tout, rien n'empêche de confier une partie de ses économies à un spécialiste, et gérer l'autre partie soi-même ! **Je recommande très sérieusement dans ce cas, de laisser la gestion déléguée pour l'assurance-vie, et la gestion directe pour le PEA ou compte-titres.**

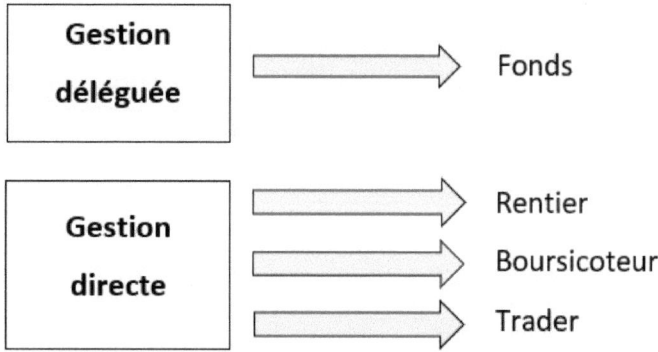

8

LA GESTION DÉLÉGUÉE

Le but, ici, n'est pas de passer en revue les institutions qui font de la gestion déléguée et d'attribuer des bons et des mauvais points. C'est juste de vous informer et de rappeler ou divulguer certaines vérités sur la gestion déléguées, indiquées par ailleurs dans le livre *« ce que votre banquier ne vous dira jamais »* (2019, JDH Editions).

Le premier réflexe de votre conseiller bancaire, surtout si vous êtes en banque privée, est de vous équiper en produits d'épargne financière : Assurance-vie, Contrats de Capitalisation, Compte Titres et PEA. Et éventuellement épargne salariale si vous dirigez une petite entreprise. Si ces outils peuvent avoir leur intérêt d'un point de vue patrimonial ou fiscal, il ne s'agit que du contenant, de la bouteille en quelque sorte. Qu'en est-il du contenu ? Que contiennent ces contrats souscrits à la banque, et pourquoi ? Sans surprise, si vous ouvrez une assurance-vie auprès de votre banque, celle-ci vous incitera fortement à investir dans des fonds « maison » : un fonds BNP si vous êtes à la BNP, et ainsi de suite. Bien entendu ce service se paie, et l'intérêt du système dépend de la qualité des fonds proposés par la banque.

Il faut savoir qu'il existe plus de 3000 fonds (SICAV, Fonds Communs de Placement) ouverts à la commercialisation en France. Immanquablement votre portefeuille va se garnir de fonds gérés par la filiale d'Asset Management (gestion de fonds) de votre banque. En soi, rien de répréhensible ? Sauf que…

Tout d'abord aucune maison de gestion n'est excellente en tout. Chacune a sa spécialité, son point fort. Or, restreindre votre choix uniquement à la maison de gestion détenue par la Banque fait de vous un client « captif », contraint de tout prendre au même endroit. En d'autres termes, cela vous prive des expertises dont vous pourriez bénéficier en dehors de la banque. Quitte à vous retrouver parfois avec des fonds moyens ou médiocres parce que ce sont ceux de votre établissement. Sur quelques années le coût en termes de performance peut être considérable. Qui irait chez un médecin qui ne prescrit les médicaments que d'un seul laboratoire pharmaceutique ? Quels que soient vos symptômes, tout chez Sanofi ou au contraire chez Pfizer ? Ce ne serait pas raisonnable, une prescription équilibrée fait appel aux meilleures molécules de chaque laboratoire, pour constituer un traitement personnalisé et adapté. Il en va de même en matière de sélection de fonds, vous n'avez en vérité aucune raison de placer tous vos capitaux chez le même fabricant de fonds, mieux vaut prendre le meilleur chez chacun !

En pratique, si vous êtes client de LCL, vous allez vous retrouver avec des fonds Amundi (vérifiez sur vos relevés !). Aussi bien pour les actions américaines que pour les obligations européennes, tant pour les obligations convertibles que les titres émergents, pour les grandes valeurs mais aussi pour les « small caps » (autrement dit les PME et ETI), et si vous voulez un fonds matières premières, ce sera probablement celui … d'Amundi.

Ensuite, il se trouve que les meilleurs fonds sont rarement ceux des banques. Laissons parler les chiffres avant d'expliquer pourquoi.

Quantalys note tous les fonds disponibles en France, attribuant cinq étoiles aux 20% les meilleurs, quatre étoiles aux 20% des fonds suivants, et ainsi de suite jusqu'à une étoile aux 20% des fonds les moins bien notés. Si l'on analyse la liste des fonds bancaires, c'est-à-dire gérés par les Sociétés de Gestion « maison » des cinq grandes banques françaises, on constate que seulement 94 fonds sur les 821 fonds bancaires analysés obtiennent la meilleure note. En clair seuls 11 % des fonds bancaires sont dans le « Top 20% » du marché. Exprimé autrement, en investissant sur un fonds bancaire vous divisez presque par deux vos chances d'obtenir une gestion dont la qualité mérite cinq étoiles.

Quelle est l'origine de cette sous-performance ?

Tout d'abord elle est structurelle. Une société de gestion « bancaire » bénéficie d'un réseau de distribution captif. Quels que soient les résultats, elle a la garantie que des milliers d'agences bancaires, épaulées par des centres de gestion privée captifs, vont continuer à collecter des capitaux pour elle. **L'essentiel dans ce contexte pour la société de gestion n'est pas de rechercher la meilleure performance pour ses fonds destinés aux particuliers, mais de s'assurer des résultats corrects pour les clients, tout en maximisant sa marge.** Ce n'est bien entendu pas comme cela que la stratégie est présentée aux équipes en interne, mais les « *incentives* » sont là, et sont structurellement puissants.

Ensuite la gestion est une affaire d'hommes (et de femmes !), une affaire de talents. Or on constate que les gérants les plus talentueux finissent par quitter les gestionnaires de fonds « bancaires ». Bien entendu chaque histoire individuelle est différente, mais l'on peut observer une tendance : le gros « asset manager bancaire » (société de gestion dans un groupe bancaire) peut aisément remplacer un gérant aguerri mais exigeant par un autre, peut-être plus docile ou moins rémunéré, sans pour autant perdre d'investisseurs. Votre conseiller bancaire connait-il même le nom des gérants de votre fonds (sans regarder la fiche) ? En conséquence la tentation est grande pour le gérant talentueux, qui est capable d'attirer des capitaux sur son nom, même sans réseau de vente captif, de monter sa propre société de gestion. Ou simplement de rejoindre une société de gestion à taille humaine. Il sera mieux payé, car on a alors absolument besoin de lui et de ses performances pour attirer et fidéliser les clients. Il aura aussi les mains plus libres, car il sortira des pesanteurs et de la bureaucratie des grands groupes. Et s'il est un peu entrepreneur il trouvera le challenge plus intéressant. C'est en partie grâce aux banques que la France bénéficie de plusieurs centaines de sociétés de gestion de fonds indépendantes, dont beaucoup sont très performantes dans leur niche de marché, car ces sociétés sont bien souvent fondées par les anciens banquiers les plus performants, et les plus entreprenants.

Alors, comment s'en sortir en tant qu'épargnant particulier ? En exigeant de son banquier des fonds qui ne soient pas « maison ». Possible, mais dans bien des cas il n'aura pas le droit de vous en conseiller d'autres, ou tout simplement n'aura pas été formé pour le faire. Les deux autres solutions sont de le faire vous-même via des courtiers en ligne, ou de vous adresser à un Conseil en Investissement Financier référencé par l'AMF, qui pourra construire pour vous un portefeuille personnalisé, sans être contraint par une gamme de fonds interne.

Tout est dit sur la gestion déléguée qui n'est pas le but principal de cet ouvrage, mais que nous ne pouvions pas passer sous silence !

AVANTAGES ET INCONVÉNIENTS

Avantages :

- Accès à l'Assurance-vie

- Vous déléguez totalement la gestion, vous n'y passez pas de temps.

Inconvénients :

- Vous ne contrôlez rien

- Performances souvent décevantes

9

LA GESTION DIRECTE, EN MODE RENTIER

Un particulier peut investir en bourse dans le but d'être rentier. En ne visant que le rendement et non la plus-value. Il sera très important, dans ce cas de figure, de voir son portefeuille à l'aune du rendement annuel qu'il procure, et non à l'aune de sa valorisation quotidienne et des plus-values qu'il peut générer en vendant telle ou telle action. Autrement dit, si vous vous engagez dans cette optique, **il faudra considérer votre portefeuille boursier comme un immeuble par exemple, dont vous n'allez pas vous préoccuper de la valorisation quotidienne.**

Vous ne passerez pas beaucoup de temps sur votre portefeuille, car certaines actions pourront être conservées 20 ans voire plus ! Vous le regarderez de temps en temps, vous chercherez de nouvelles actions de temps à autre, mais vous ne vous préoccuperez que peu de votre portefeuille boursier !

En effet, si vous avez en portefeuille une action qui offre un très beau rendement de manière pérenne, il n'y a pas de raison de la vendre. **Dans ce mode de gestion, donc, peu de mouvements à prévoir en portefeuille : vous garderez une action en portefeuille jusqu'à ce que cette action menace de baisser son rendement, ou que le cours est tellement monté qu'il convient de la remplacer par une action ayant un taux de rendement instantané supérieur. Le money-management est donc très simple.**

Rentrons dans les détails de cette voie d'enrichissement en bourse.

Il ne faut jamais oublier que la finalité première d'une entreprise, contrairement à une association, est de faire des profits. C'est pourquoi l'on parle de « société à but lucratif ». Les profits servent en principe à être réinvestis mais aussi à rémunérer les actionnaires, grâce aux **dividendes**. On parle de **coupons** pour désigner la somme versée à cette occasion. Les termes de coupon et de dividende sont quasiment synonymes.
Le **rendement** qu'offre une action est le rapport, exprimé en pourcentage, de son coupon annuel et de son cours de bourse à l'instant T. C'est ainsi qu'avec un coupon annuel de 3€, le titre Tour Eiffel, coté sur la Bourse de Paris, offre 10% de rendement avec un cours de 30€, mais 8% avec un cours de 37.5€ (soit

3/37.5) et "seulement" 7.5% avec un cours de 40€ (soit 3/40).

Évidemment, la pérennité d'un dividende n'est jamais assurée. Une action est par essence un actif risqué, contrairement aux placements monétaires de type livret, qui eux sont beaucoup moins rémunérateurs mais offrent un rendement médiocre, avec un risque qui tend vers 0 (le risque 0 absolu n'existe pas).

Cela dit, on a pu constater que malgré la crise que nous avons subie, le rendement global ne s'est pas effrité. Au contraire, il a augmenté, car beaucoup de sociétés ont maintenu leur coupon, alors que leur cours de bourse a baissé, créant d'importantes opportunités de rentes.

Avec la crise, les entreprises rémunératrices se sont mises assez massivement, pour fidéliser l'actionnaire et pour lisser le cours de leur action, à distribuer leur coupon annuel en deux fois voire plus. Ainsi Total a désormais coutume de rémunérer l'actionnaire quatre fois dans l'année ! Total est une de seules sociétés françaises à procéder ainsi. Aux États-Unis, le phénomène est plus courant. Certaines sociétés, plus rares, allant même jusqu'à proposer un coupon mensuel !

Pour revenir à la France, la plupart des coupons sont distribués entre mai et juillet. Et pour les sociétés qui versent deux fois par an, le complément est souvent donné à la rentrée ou parfois en fin d'année. Un portefeuille correctement diversifié, consiste aussi à essayer de lisser du mieux possible le rendement global sur l'ensemble de l'année. Bien sûr une pointe apparaitra entre mai et juillet et un creux entre janvier et mars.

En fait, les rendements sont judicieusement distribués : avant les vacances d'été, après ces mêmes vacances, et avant Noël !

Sur quelles actions investir ?

Vu que la fiscalité française est assez confiscatoire, il ne faut pas y aller par quatre chemins : il faut investir sur des secteurs offrant de très forts rendements. C'est-à-dire supérieurs à 6% par an. Ainsi, une fois le fisc passé (30% de "flat tax" désormais), il vous restera tout de même une rente significative de 4.2% par an minimum.

En effet, si vous constituez votre portefeuille avec 10 actions dépassant chacune 6% par an de rendement (autrement dit certaines seront à 10%), et que vous arrivez au final sur un portefeuille procurant 8% par exemple de rendement moyen... Il vous restera 8% moins 30% de flat tax en rendement net soit 5.6%. Pour rappel, le livret A c'est 0.75% !

Seulement, toutes les actions ne procurent pas de tels rendements !

En Europe, deux secteurs d'activité offrent des rendements très conséquents, il s'agit des financières et des foncières. Les financières (banques, assurances, services financiers) car ce sont de véritables « vaches à lait » qui sont actuellement en pleine quête d'un nouveau modèle de croissance ; et que leurs titres ont lourdement baissé avec la baisse des taux d'intérêt. Les foncières car elles offrent un rendement sécurisé, à condition de bien les choisir.

Autant pour ce qui est des financières, il faut savoir s'ouvrir à l'Europe, autant pour ce qui est des foncières, mieux vaudra se concentrer sur la France car le marché immobilier français est le plus stable d'Europe.

Là encore, nous n'allons pas dans ces pages présenter en détail ni avec un haut degré d'analyse une sélection de valeurs financières et de foncières, cet ouvrage n'étant pas un livre de recommandations boursières.

Quelques valeurs qui me paraissent intéressantes, à titre d'exemple et pas de recommandation, sont Société Générale, Union Financière de France, et Patrimoine et Commerce.

Le tableau suivant consigne le cours moyen sur 2019 des titres cités ainsi que leur rendement annuel moyen estimé sur 2019.

	Cours moyen 2019	Rendement estimé brut
Société Générale	23.5€	9.3%
Un. Fin. France	19€	10%
Patrimoine et Commerce	16€	7.5%

On ne peut qu'estimer un rendement. On ne peut jamais le prévoir avec certitude. Quand vous faites vos choix, il sera important de regarder l'antériorité du coupon servi. En effet, une société peut très bien décider de distribuer un gros coupon une année, donnant un rendement instantané de 15%, et ensuite plus rien… **Plus la récurrence du coupon servi sur le passé sera forte, plus la probabilité que le coupon continue d'être servi à l'avenir sera élevée elle aussi.** Par ailleurs, la progression du coupon passé a elle aussi son importance. Il vaudra mieux préférer une action dont le coupon a été en progression qu'en régression.

Enfin, observer la dynamique, la progression des bénéfices permettra d'anticiper, dans le cas d'une société ayant une culture du dividende, les éventuelles hausses à venir de ce dernier, qui se répercuteront immanquablement sur le cours de bourse de l'action.

Ces raisonnements sont tout particulièrement valables sur le marché américain, où des sociétés comme les REITs, des sortes d'agences hypothécaires, ont une très forte culture du dividende et de son augmentation. Ou des sociétés de transport pétrolier et gazier, qui ont aussi une forte culture du dividende.

Très important : quand vous cherchez à observer la récurrence passée du dividende, regardez ce qui s'est passé en période de crise. Sur une société de transport pétrolier et gazier, la grande crise récente c'était en

2015/2016, avec un effondrement des cours du pétrole.

Si on prend l'exemple de la société américaine PBF Logistics, voici l'historique de son dividende :

Date	Montant
14/08/2019	0.515
14/05/2019	0.51
28/02/2019	0.505
14/11/2018	0.5
14/08/2018	0.495
14/05/2018	0.49
27/02/2018	0.485
10/11/2017	0.48
11/08/2017	0.47
12/05/2017	0.46
23/02/2017	0.45
04/11/2016	0.44
05/08/2016	0.43
11/05/2016	0.42
18/02/2016	0.41
10/11/2015	0.39
12/08/2015	0.37
13/05/2015	0.35
19/02/2015	0.33
12/11/2014	0.3

On constate non seulement que le dividende est distribué par trimestres, mais qu'il n'a cessé d'augmenter, y compris pendant la crise en question !

Pourtant pendant cette terrible période, le cours de bourse avait baissé, comme le montre le graphique suivant :

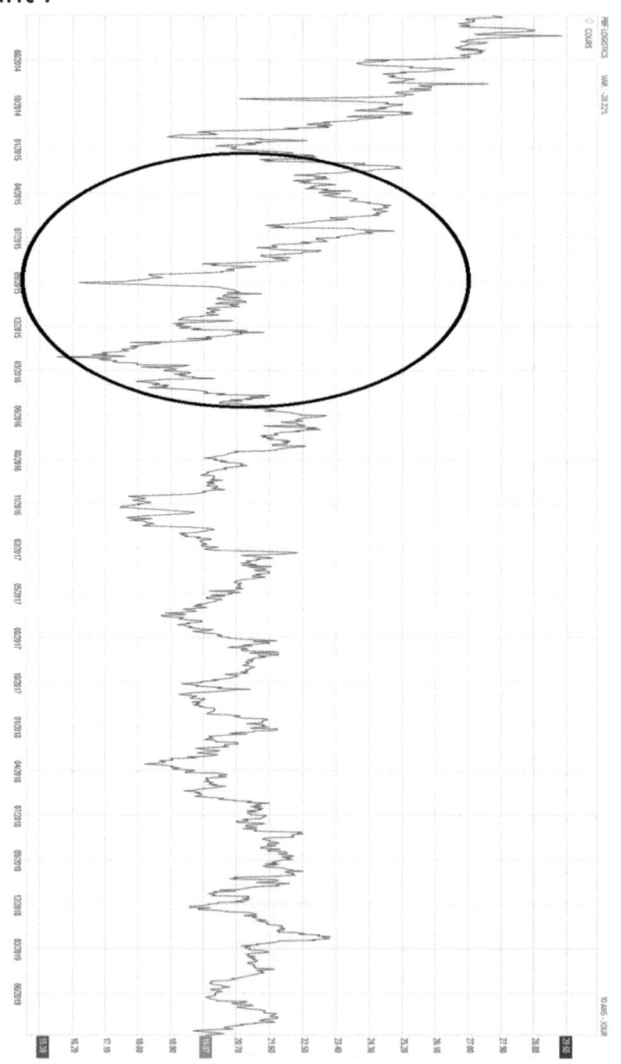

Le titre cotait 24$ début 2015 avant la crise pétrolière. Il offrait (voir tableau), 1.4$ par an de coupon. Soit un rendement de 5.8%.

Si on se base sur un minimum de 6% brut, il n'était pas à acheter à ce moment-là. Mais, vu l'antériorité de son coupon et son augmentation régulière, il est évident qu'au moment de la baisse, en 2015, ce titre devenait intéressant.

Bien sûr personne ne peut, sauf par chance, acheter au plus bas.

Dans cet exemple, rien que le fait d'acheter à 20$ permettait alors d'avoir une rente annuelle de 7% brut. Rente qui serait aujourd'hui de plus de 10% puisque le coupon n'a cessé d'augmenter, même si le cours de bourse, lui, végète.

Ce qu'il faut retenir c'est que lorsque vous avez une approche de rentier, il faut voir le cours de bourse uniquement par rapport au rendement que l'action concernée vous offrira. En aucun cas il ne faut s'inquiéter d'une baisse du cours de bourse. Au contraire, une baisse exagérée est une belle occasion d'acheter ou de renforcer ! La seule considération à avoir c'est le rendement et rien d'autre. Donc, le montant du coupon, sa récurrence, son historique, et bien sûr il faut regarder les bénéfices de la société en question puisque le dividende est très lié, en général, à la situation bénéficiaire d'une entreprise !

Dites-vous bien, pour finir, qu'une vraie valeur de rendement n'est jamais spécialement haussière, même pas sur le long terme, par définition, vu qu'elle distribue tout ou presque à ses actionnaires. **Mais encore une fois, on n'investit pas s'enrichir par la plus-value mais par la rente.**

Que faire des dividendes ?

Une fois que vous avez compris le principe, il reste encore à se demander que faire de ces dividendes.

Deux grandes options s'offrent à vous. Soit les encaisser au fur et à mesure pour avoir un complément de revenus (ce qui peut être intéressant pour un retraité par exemple), soit les réinvestir en actions concernées. Dans ce cas, cela vous permet de baisser votre prix de revient au fur et à mesure des réinvestissements.

Supposons que vous achetiez 100 actions Société Générale à 20€, soit un placement de 2000€. Si le dividende est de 2€, vous allez encaisser 200€ brut, ou 140€ net après passage de la flat tax. Admettons que vous encaissiez ces 140€ nets. Si le titre est toujours à 20€, cela vous permet d'en acheter 7. Tout se passe donc comme si Société Générale vous avait offert 7 titres de plus à vos 100 titres. Ainsi, vous aurez en portefeuille, désormais, 107 titres qui vous coûtent toujours 2000€. Votre prix de revient tombe donc à 2000/107 au lieu de 2000/100. Il tombe donc à 18.7€.

Ainsi, dans le temps, vous pouvez considérablement doper la valeur de votre portefeuille, tout en lissant la volatilité ! C'est une véritable stratégie patrimoniale de long terme, qui peut tout particulièrement être exploitée dans le cadre d'un PEA. En effet, dans un PEA, la flat tax n'existe pas. Et donc l'effet d'une stratégie de réinvestissement des dividendes peut être très intéressant.

Cette option peut aussi être intéressante pour gérer une partie de la trésorerie d'une société de manière dynamique, sur le long terme. Bien sûr, un excès de trésorerie et non la trésorerie nécessaire à payer les salaires et les fournisseurs !

Le cas particulier du PEA

On peut définir le **PEA** (Plan d'Épargne en Actions) comme une enveloppe fiscale avantageuse pour investir sur les marchés européens. Cette enveloppe étant exonérée d'impôt (mais pas du prélèvement social) après 5 ans.
L'ouverture d'un PEA est réservée aux personnes fiscalement domiciliées en France, majeures. C'est un contrat individuel et il ne peut y en avoir plus de deux par foyer fiscal. Le PEA est composé d'un compte-titres, qui comportera uniquement des actions européennes, et d'un compte courant rattaché, qui fait aussi partie de l'enveloppe. C'est ce compte courant qui permet d'acheter des titres, de recevoir les dividendes, et les plus-values ou moins-values

réalisées sur les cessions d'actions effectuées sur le compte-titres.

Pour bénéficier des avantages fiscaux du PEA, le titulaire doit s'astreindre à certaines contraintes :
- Bien qu'il n'y ait pas de minimum à verser à l'ouverture du PEA, le cumul de tous les versements pendant toute la durée du PEA ne peut pas dépasser 150.000€. Cela dit, le montant des titres détenus en PEA peut sans problème excéder les 150.000€ si ceux-ci se sont appréciés car le détenteur aura fait les bons choix.
- Le PEA ne peut pas être cédé à un tiers
- Les ventes sont possibles autant que souhaité à l'intérieur de l'enveloppe fiscale, mais aucun retrait n'est possible avant 5 ans d'existence. Au bout de 5 ans, les retraits sont possibles mais entrainent de facto la clôture du PEA. Ce n'est qu'après 8 ans que les retraits peuvent se faire progressivement sans entrainer la clôture du PEA.
- Le plafond non utilisé sur le PEA peut être reporté sur un PEA PME, le cumul des deux produits ne devant pas dépasser 225 000 €. Ce qui fait quand même un beau portefeuille !

Les dividendes d'actions détenues dans le cadre du PEA sont versés sur le compte espèces dédié du PEA. Ils pourront alors être réinvestis et ne sont pas soumis à l'imposition comme sur un compte titres classique. En revanche, s'ils sont sortis du PEA, ils seront soumis à l'impôt. Une réponse ministérielle en date du 12 février 2008 précise à ce sujet le caractère strict de la réglementation : ils ne peuvent pas être retirés du PEA.

Le PEA permet donc de doper les effets du réinvestissement des dividendes puisqu'il n'y a pas la flat tax de 30%. Néanmoins il sera totalement inintéressant si vous voulez jouir de vos dividendes.

Au bout de 8 ans de détention, une solution totalement exonérée d'impôts existe, que peu de gens connaissent : il s'agit de la rente viagère.

Une **rente viagère** est une rente versée jusqu'au décès du bénéficiaire. Mais au moment du décès, le capital n'appartient pas aux héritiers mais il appartient alors à l'organisme qui a versé la rente (en général une banque ou compagnie d'assurance qui n'est pas forcément d'ailleurs celle qui était dépositaire du PEA).

Au bout de 8 ans de détention du PEA, le capital peut donc être converti en rente viagère. Son montant et son évolution seront fonction de l'âge du bénéficiaire.

Prenons l'exemple d'un capital de 100.000€ à convertir en rente viagère.

Avec un bénéficiaire qui a 50 ans en 2020, voici le montant annuel de sa rente :

2020	**3 469,76 €**	**3,47 %**
2021	3 572,56 €	3,57 %
2022	3 625,10 €	3,63 %
2023	3 678,41 €	3,68 %
2024	3 732,50 €	3,73 %
2025	3 787,39 €	3,79 %
2026	3 843,09 €	3,84 %
2027	3 899,60 €	3,90 %
2028	3 956,95 €	3,96 %
2029	4 015,14 €	4,02 %
2030	4 074,19 €	4,07 %
2031	4 134,10 €	4,13 %
2032	4 194,90 €	4,19 %
2033	4 256,59 €	4,26 %
2034	4 319,18 €	4,32 %
2035	4 382,70 €	4,38 %
2036	4 447,15 €	4,45 %
2037	4 512,55 €	4,51 %
2038	4 578,91 €	4,58 %
2039	4 646,25 €	4,65 %
2040	4 714,58 €	4,71 %
2041	4 783,91 €	4,78 %
2042	4 854,26 €	4,85 %
2043	4 925,65 €	4,93 %
2044	4 998,08 €	5,00 %
2045	5 071,58 €	5,07 %
2046	5 146,17 €	5,15 %
2047	5 221,84 €	5,22 %
2048	5 298,64 €	5,30 %
2049	5 376,56 €	5,38 %
2050	5 455,62 €	5,46 %
2051	5 535,85 €	5,54 %
2052	5 617,26 €	5,62 %

Plus l'âge du bénéficiaire avance, plus la rente augmente. Celle-ci peut d'ailleurs être payée mensuellement.

Dans l'exemple précédent, on notera que le capital aura été intégralement remboursé en 2043 soit après 23 ans.

Les deux principaux avantages de ce système de rente viagère sont les suivants :

- La rente est certaine, contrairement à des dividendes. La probabilité qu'elle ne soit pas payée tend vers 0.

- La rente est partiellement exonérée d'impôt sur le revenu.

Le taux d'exonération dépend de l'âge du bénéficiaire au premier versement selon le barème suivant :

À la date du 1er versement, la fraction imposable est fixée de la manière suivante :

- 70 % si vous étiez âgé de moins de 50 ans,
- 50 % si vous étiez âgé de 50 à 59 ans,
- 40 % si vous étiez âgé de 60 à 69 ans,
- 30 % si vous étiez âgé de plus de 69 ans.

À noter que la conversion d'un capital en rente viagère a ici été indiquée dans le cadre du PEA, mais elle est aussi possible dans le cadre d'une assurance-vie. Les principes sont les mêmes.

Et les obligations ?

Traditionnellement, quand on pensait à la rente, on pensait aux obligations d'Etat. Les fameuses OAT de la France par exemple. Seulement, vu que ces obligations offrent désormais 0% et que celles des pays similaires à la France offrent aussi des rendements autour de 0%, il faut, pour aller chercher du vrai rendement, s'intéresser à des obligations plus exotiques ! Donc bien plus risquées.

Par exemple, les obligations brésiliennes à 10 ans qui offrent actuellement dans les 7% par an.

Sauf exception, il est difficile pour un particulier d'acheter une obligation lors de son émission, plutôt réservée aux investisseurs institutionnels (banques, fonds, autres États, etc.). Mais une fois émises, ces obligations sont alors cotées en bourse. Un particulier peut donc les acheter sous condition de liquidité, en passant un ordre d'achat à son courtier ou sa banque. Cela lui permettra de recevoir les coupons en temps et en heure. Cependant, accès au marché obligataire est compliqué pour des investisseurs individuels et rien ne dit que vous trouviez l'obligation que vous recherchez.

Il existe des fonds obligataires mais on retombe alors dans la logique de la gestion déléguée. Ces fonds obligataires sont néanmoins la seule vraie solution qui s'offre au particulier désireux d'investir sur des obligations « exotiques ».

Quant aux obligations d'entreprises, elles sont cotées en bourse comme des actions, mais bien moins liquides. Et il sera plus intéressant de se focaliser sur des actions offrant traditionnellement de bons rendements, plus liquides.

AVANTAGES ET INCONVÉNIENTS

Avantages :

- Méthode fiable pour s'enrichir progressivement sur le long terme

- Peu de temps à y consacrer

Inconvénients :

- Nécessite un peu d'expertise et d'analyse

- Pas d'adrénaline

- Pas ou peu de plus-values

En complément …

Sur Francebourse.com, la lettre Pépites du Rendement, une lettre mensuelle déposée à la Bibliothèque Nationale, donne chaque mois des recommandations, avec un portefeuille modèle basé sur une stratégie de réinvestissement des coupons. Un portefeuille qui comporte une quinzaine de valeurs, car dans le cadre d'une gestion de type rentier, il faut, bien sûr, comme sur tout portefeuille boursier, diversifier, mais trop non plus.

Le score moyen de ce portefeuille est de 12% par an, avec une faible volatilité.

Voici le graphique historique de ce portefeuille, qui existe depuis 2012 :

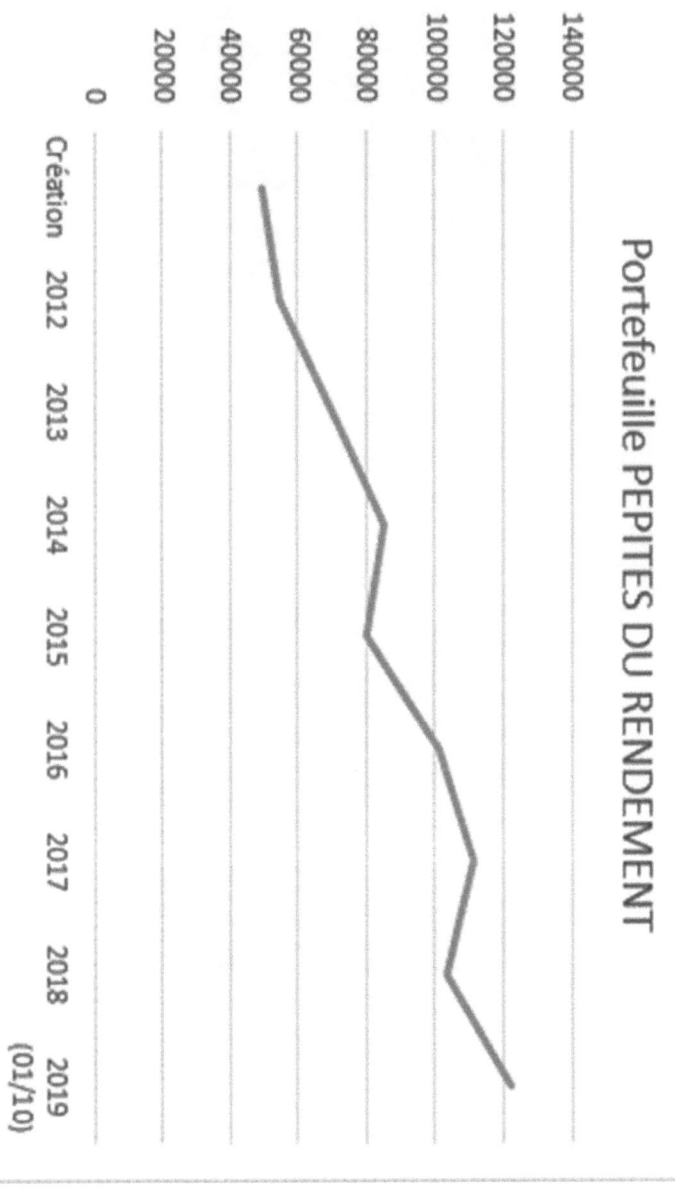

Voici un ancien exemplaire de cette lettre :

Voici enfin, en vidéo, pour conclure, ce qu'il faut retenir en priorité si vous voulez gérer votre portefeuille à la manière d'un vrai rentier :

10

LA GESTION DIRECTE, EN MODE BOURSICOTEUR

« Que dois-je acheter comme action ? »

« Le marché est bien monté, faut-il vendre ? »

« Un petit tuyau sur une entreprise en retourne-ment ? »

Voilà des questions que j'ai entendues des dizaines, voire des centaines de fois. Acheter, vendre, acheter, vendre... Dans un seul but : faire des plus-values. Acheter à 10€, revendre à 15€. Donc gagner 50%. Le rêve. Surtout si c'est en quelques semaines ou pourquoi pas quelques jours.

C'est ainsi que fonctionnent la plupart des particuliers qui investissent en bourse. Très peu se préoccupent du rendement, très peu ont une propension naturelle à être sur un mode rentier. La plupart aiment à regarder la valorisation de leur portefeuille régulièrement, à se demander ce qu'il faut acheter et ce qu'il faut vendre. Pour faire le bilan en fin d'année, et dire « cette année, mon portefeuille a pris 15% », par exemple.

Appelons un chat par son nom : ce mode de gestion c'est du boursicotage. Cela n'a rien de péjoratif, c'est d'ailleurs un peu sur ce mode que fonctionnent aussi la plupart des gérants de fonds dont il a été question précédemment.

Boursicoter, c'est rechercher à s'enrichir non par la rente mais par la plus-value, et l'idée est de collectionner le plus grand nombre possible de plus-values.

Mais il y a le boursicotage ordonné, qui obéît à certaines règles, à certains principes, et le boursicotage désordonné qui n'obéît à rien. Pour que votre boursicotage soit fructueux et vous rapporte, il faut avoir en tête certains principes essentiels de **money-management**. Autrement dit de gestion de votre portefeuille boursier.

Pour boursicoter avec succès il faut en effet d'abord faire du money-management. Ensuite seulement s'occuper de bien savoir choisir vos actions.

Voici un exposé de ces principes de money management.

Pensez toujours long terme

« Si on n'investit pas sur le long terme, il n'y a pas de court terme ». Cette phrase célèbre est de David Graham, industriel américain.

Pour avoir l'espoir de réussir quelques opérations sur le court terme, c'est-à-dire sur quelques semaines, il est nécessaire d'avoir un solide portefeuille d'investissement sur le long terme.

Pour être en capacité de prendre des positions à effet de levier, avec du SRD par exemple (le fait d'acheter des titres sans les posséder, donc à crédit), il est indispensable d'avoir un portefeuille assez conséquent qui vous permettra d'amortir les éventuelles pertes. C'est uniquement quand on possède un tel portefeuille, de 30.000 euros au moins, que l'on pourra compléter occasionnellement par quelques positions de court terme au SRD pour se donner quelques décharges d'adrénaline et pour essayer d'arrondir un peu ses fins de mois.

Il faut partir du principe qu'un projet d'entreprise est un projet de long terme et que **le temps d'un entrepreneur n'est pas forcément le temps d'un boursicoteur**.

Se mettre dans une logique d'entrepreneur, essayer de comprendre la logique d'un chef d'entreprise (qui investit sur un projet pour récupérer les fruits plusieurs années après, voire pour le transmettre à ses enfants), est parfois nécessaire pour pouvoir ensuite édulcorer son portefeuille par quelques opérations spéculatives, et purement spéculatives de court terme.

La bourse déteste l'incertitude

Qui aime l'incertitude ?
Imaginez-vous sur une autoroute avec une nappe de brouillard à couper au couteau qui se pose devant vous ; votre route devient invisible, c'est une forme d'incertitude. Que faites-vous ? Vous vous arrêtez, quitte à vous mettre sur la voie d'arrêt d'urgence. Et vous attendez. Vous attendez le temps que le brouillard se lève. Avant de reprendre tranquillement la route.
D'autres personnes peuvent en revanche avoir des comportements irrationnels à même d'entrainer un accident.

Le principe est le même en bourse. L'incertitude engendre des comportements irrationnels. Dès qu'elle fait son apparition, que ce soit sur le plan politique, économique, ou tout simplement à l'échelle d'une entreprise cotée, le principe de précaution adopté par l'ensemble des investisseurs est de se ranger sur le bas-côté. C'est-à-dire de vendre et de sortir du marché en attendant des jours meilleurs. Tandis que d'autres se mettront à spéculer, à acheter et vendre dans tous les sens, ce qui entrainera des sentiments de panique.

Lorsque le marché est volatile (c'est-à-dire lorsqu'il monte et descend très vite) cela est un signe clair et net d'incertitude. Ce sont des périodes pendant lesquelles il faut être extrêmement prudent et surtout garder des liquidités.

En situation d'incertitude, qu'elle soit politique, géopolitique, économique, sociale, on gardera un volant de liquidités dans son portefeuille. Plus ou moins important selon le degré d'incertitude. De 10 à 20% : une marge correcte.

Mettez vos œufs dans plusieurs paniers

Ce principe est un principe qu'il ne faut jamais oublier et qu'encore aujourd'hui beaucoup d'investisseurs individuels oublient.

Même si vous croyez fortement en une société et que vous avez peu d'argent à investir en bourse, il ne faudra jamais tout miser sur cette société car vous n'êtes jamais à l'abri d'un effondrement général du marché d'une part, et d'autre part d'une déconvenue sur l'entreprise en question ou sur son secteur d'activité. Par exemple Eutelsat, Neopost ou Ipsos étaient des sociétés de grande qualité, très appréciées des investisseurs pendant des années. D'un coup, après une mauvaise nouvelle, les titres en question se sont effondrés de moitié en très peu de temps.

Dans des cas extrêmes (rares heureusement !) on a vu des sociétés (comme Gowex, star espagnole du début des années 2010) qui ont trafiqué leurs comptes et ont entrainé une perte sèche du jour au lendemain de tous les avoirs que les particuliers avaient misés sur elle…

Le principe est le suivant : plus vous avez de lignes en portefeuilles, moins forte sera votre exposition à l'effondrement d'une de ces lignes. En creusant un peu plus, le principe de diversification consiste à pondérer moins fortement les titres les plus risqués dans un portefeuille. Et à pondérer plus fortement les titres les moins risqués.

Se couper une main plutôt que le bras

Je vais être très clair : si vous n'êtes pas capable de vendre à perte, et cela plusieurs fois dans l'année, oubliez le boursicotage et focalisez-vous sur un mode rentier.

A partir du moment où l'on réalise qu'en bourse on ne gagne pas à chaque fois, à partir du moment où l'on réalise que l'on peut faire des erreurs même si on suit des conseils avisés, car nul n'est infaillible, on doit être capable d'assumer une erreur d'appréciation et de vendre un titre sur lequel on s'est trompé.
Mieux vaut réaliser son erreur assez tôt que trop tard. Mieux vaut en effet perdre 10, 20 ou même 50%, que de perdre 80 ou 90%, car il y a un nombre incalculable d'actions qui ont subi de telles chutes, après une première alerte.

Lorsque l'on a investi 10 000€ par exemple sur une action et que l'on décide de la revendre avec une perte de 20%, cela fait toujours 8 000€ à récupérer pour les placer ailleurs dans le but de se refaire. Laisser les 8 000€ en question placés sur une action qui va dégringoler davantage ne mènera qu'à des pertes, et finalement à un écœurement de la bourse. En revanche, placer ces 8 000€ sur une action qui va gagner 25% permettra de retrouver son capital de départ. Tant pis pour le temps perdu : mieux vaut perdre quelques mois que son portefeuille !

Tout vendre : jamais !

Lorsque le marché se met à baisser et que le consensus devient baissier, on entend souvent un certain nombre de particuliers dire : « *je quitte la bourse, je reviendrai plus tard quand le marché aura fini de baisser* ».

Cette stratégie est une très mauvaise stratégie, et cela pour plusieurs raisons :

- Nous sommes en univers probabiliste. De la même manière qu'un mouvement haussier n'est jamais certain, la prolongation d'un mouvement baissier ou un retournement de tendance n'est jamais certain lui non plus. Il est arrivé à plusieurs reprises que des gens sortent bien trop tôt du marché et qu'ensuite ce dernier continuant à monter, ils ne puissent le réintégrer, du coup cela créé des sentiments de frustration qui ne mèneront qu'a des comportements irrationnels. A titre d'exemple, l'atroce mois de décembre 2018 a incité plusieurs particuliers à sortir du marché, car ils ont pensé que l'année 2019 serait de cet acabit. Tel ne fut pas le cas. Le marché a repris plus de 10% entre le début janvier et l'été !

- Il faut savoir que même en période de baisse il y a des actions qui montent. La pire année de tous les temps fut l'année 2008. Certaines actions ont réussi à faire de très belles performances cette année-là comme Hermès par exemple. Le premier semestre 2016 a lui aussi été très mauvais et pourtant un certain nombre de titres font des performances remarquables, en particulier les valeurs de rendement comme les foncières. L'action ABC Arbitrages a gagné 18% sur le premier semestre 2016 quand le CAC 40 a perdu 8.5%. Il faut juste savoir bien choisir ses titres et surtout savoir les choisir en fonction du contexte que l'on anticipe.

Les objectifs ne doivent pas être une religion

Quand on achète une action, on doit avoir un objectif. Par exemple, j'achète Michelin à 90€ avec un objectif à 120€.
Cet objectif doit être un but mais ce qui compte n'est pas tant le but que le chemin ! Et le chemin que trace le titre, et que trace le marché, est à observer chaque jour ou presque !

En effet, quand le marché baisse, il se peut que des titres auxquels vous n'aviez pas pensé deviennent plus intéressants que les titres sur lesquels vous avez jeté votre dévolu. Or, vos liquidités ne sont pas infinies, donc à l'intérieur d'un portefeuille, il convient parfois de dégager des liquidités en vendant des titres même si ces derniers sont loin de l'objectif pour en acheter d'autres qui ont plus de potentiel.

La bourse ce n'est pas juste « acheter » et « vendre » !

Lorsque l'on achète une action il convient toujours de le faire avec discernement. En effet on peut par exemple se dire qu'on rentre sur une valeur et qu'on sera prêt à compléter la position si le titre baisse afin de rabaisser son prix de revient. C'est ce que l'on appelle « **moyenner à la baisse** ».

Il faut se laisser l'opportunité de moyenner à la baisse lorsqu'on rentre sur une action avec une forte conviction tout en pensant que le titre en question peut baisser à court terme.

Dans ce cas-là, il ne faudra pas mettre une grosse pondération de votre portefeuille mais simplement 2 ou 3%. Et si jamais le titre ne baisse pas mais monte, vous en profiterez quand même.
Il arrive aussi que l'on achète une action et que celle-ci s'envole. Et l'on se dit « ah… j'aurais dû en acheter plus ! ». Si vous êtes dans ce cas de figure vous pouvez

être tentés de vous ravitailler encore, même si votre titre a gagné 50%. Au cas où vous passeriez alors à l'acte, gardez bien en tête un principe très important : le deuxième achat devra être beaucoup plus restreint que le premier. Vous pouvez augmenter votre prix de revient mais de peu… N'allez pas prendre le risque de regretter un jour votre enthousiasme.

Cette technique se nomme « **pyramider** »

À l'inverse, lorsque vient le moment de passer à la caisse, donc quand vous avez un large sourire, il convient souvent de ne pas vendre l'intégralité d'une position, mais de **« prendre des bénéfices »**.
Cette nuance est très importante. En effet lorsque vous gagnez par exemple 40 ou 50% sur un titre, il est bon de sécuriser vos plus-values mais si vous estimez que le titre a encore du potentiel, dans ce cas, gardez une partie de vos titres, ne vendez pas tout d'un seul coup car ensuite vous pourriez le regretter.

Les mots « renforcer », « moyenner à la baisse », « pyramider » et « prendre des bénéfices » viendront donc compléter utilement les mots « acheter » et « vendre » dans votre vocabulaire de money manager. Vous n'imaginez pas le manque à gagner de gens qui raisonnent de manière trop binaire avec uniquement dans leur vocabulaire « j'achète » et « je vends ».

Ramener vos prix de revient à zéro

Il convient d'avoir en tête que vous pouvez vous ôter toute forme de stress sur une de vos lignes d'actions dès que celle-ci réalise une performance digne de ce nom.

En effet, lorsqu'une action a réalisé une très belle performance mais que vous pensez qu'elle peut encore aller au-delà, il conviendra non seulement de prendre des bénéfices mais de sécuriser totalement les gains que vous avez réalisés.

Il faudra alors ramener le prix de revient à zéro.

Cela s'applique en particulier aux actions dont le prix a doublé par rapport à votre cours d'achat.

La technique pour ramener le prix de revient à zéro est la suivante :

Si vous avez acheté N actions à un prix P, il vous en aura coûté NxP (parfois il faut déduire les dividendes). Si l'action vaut, quelques temps plus tard, un prix Q supérieur à P, il vous suffira de vendre M actions au prix Q de telle sorte que

MxQ = NxP, le but étant de se rembourser le prix de revient.

Exemple : Vous avez acheté 100 titres Faurecia à 40€. Soit un investissement de 4000€. Si le titre vaut 80€, il vous suffit de vendre 50 titres pour rembourser l'investissement initial. Ainsi, les 40 titres qu'il vous restera ne vous auront rien coûté et vous pourrez profiter sereinement de la hausse future, ou ne pas vous stresser s'ils baissent.

Bien sûr, votre prix d'achat facial et fiscal n'est pas modifié mais cette technique vous aide à gérer votre portefeuille et à prendre vos plus-values de manière cadrée et non aléatoire. Même ceux qui disposent d'un petit portefeuille peuvent utiliser cette technique. Cela dit, plus vos gains seront importants, moins vous aurez à vendre d'actions.

Et inversement. D'où le fait qu'il soit nécessaire de réaliser des plus-values substantielles pour appliquer cette technique.

Avec **200 % de plus-values**, il vous faut **vendre le tiers** de votre ligne.
Avec **100 % de plus-values**, il vous faut **vendre la moitié** de votre ligne.
Avec **50 % de plus-values**, ce sera les **deux tiers**.
Avec **40% de plus-values**, ce sera **72%**
Avec **20 % de plus-values**, ce sera **84 %**.
En dessous de 40 % de plus-values, voire même 50% de gains, vous oublierez cette technique.

L'inconvénient de cette technique, car il y en a un : si vous l'appliquez régulièrement, vous tendrez à multiplier les lignes sur votre portefeuille. Mais tout avantage à un prix...

Sur une petite ligne représentant 2% de votre portefeuille, vous attendrez en général d'être à 100% de gains pour appliquer cette technique.

Sur une grosse ligne représentant plus de 5% de votre portefeuille, vous pourrez appliquer cette technique à 40 ou 50% de gains.

Quel style de boursicotage ?

En supposant qu'à ce stade de votre lecture, vous soyez convaincu d'avoir l'âme d'un boursicoteur (mais cela reste entre nous, vous direz investisseur autour de vous !), il vous reste à choisir quel type de boursicoteur vous voulez être !

En effet, sans parler d'un mode de gestion basé sur le rendement (voir chapitre précédent), qui est à part, il existe trois grands styles d'investissement en bourse, même pour les particuliers, et d'ailleurs surtout pour les particuliers. À tous ces styles s'adaptent les principes de money management que vous venons de passer en revue.

Ces 3 grands styles sont l'approche VALUE, l'approche MOMENTUM, l'approche RETOURNEMENT.

Approche VALUE : il s'agit de rechercher des actions pas chères en espérant qu'elles vont voir leur cours de bourse monter. Seulement, on ne peut pas aller contre la tendance du marché ; donc, même si sur le long terme, tous les prix des actifs financiers finissent par converger vers une certaine norme, il se peut que pendant des années, le marché ne recherche pas les actions bon marché. Il faut être capable de patienter dans ce cas. Ce mode de gestion est surtout basé sur l'analyse fondamentale.

Approche MOMENTUM : il s'agit de faire de la tendance son alliée, autrement dit acheter tout ce qui monte, tout ce qui est à la mode, ce qui plait au marché, même si c'est cher voire très cher. Le marché peut en effet avoir de longues périodes où il va acheter les mêmes valeurs, les mêmes secteurs, quel que soit leur prix. Ce mode de gestion est surtout basé sur l'analyse graphique.

Approche RETOURNEMENT : il s'agit de rechercher les actions de sociétés qui ont eu, ou qui ont de sérieux problèmes et d'anticiper une sortie de la période à problèmes. Cela est particulièrement risqué. C'est ce qu'on appelle les RECOVERIES (ou restructurations). Mais l'approche RETOURNEMENT consiste aussi à s'intéresser à des entreprises qui sont cycliques, qui voient leur activité et leurs bénéfices croitre en période de croissance économique et décroitre en période de récession. Dans ce cas, il faut acheter en bas de cycle, sauf qu'on ne sait jamais avec précision où est le bas du cycle ! C'est en tous cas ce qu'on appelle les valeurs CYCLIQUES.

Et l'approche CROISSANCE ? : on entend souvent parler de valeurs de croissance, surtout par opposition aux valeurs de rendement. Gérer son portefeuille sur un mode CROISSANCE n'est pas un mode de gestion en soi, mais juste une stratégie. En effet, une valeur de croissance, par opposition à une valeur de rendement, est une action qui distribue très peu de dividendes, voire pas du tout, mais qui réalise chaque année ou presque de la croissance et réinvestit les fruits de cette croissance plutôt que de les distribuer : augmentation du chiffre d'affaires, augmentation des bénéfices, etc. On peut très bien avoir des valeurs de croissance qui sont bradées ! Par exemple Saint-Gobain est depuis quelques années une entreprise perçue comme cyclique alors qu'elle confirme de la croissance d'année en année. Du coup son titre est bradé. À plus petite échelle, un titre comme Lacroix, PME française de croissance, est bradé (le cours du début septembre 2019 montre un PER de 9 et un ratio VE/EBITDA de 4.3). Voici deux sociétés que l'on peut classer à la fois en croissance et en value.

On peut aussi avoir des valeurs de croissance qui montent, montent, et deviennent trop couteuses ! En fait on peut avoir une approche CROISSANCE aussi bien dans la stratégie VALUE que dans la stratégie MOMENTUM.

Toutes ces approches seront plus détaillées dans la 3e partie de cet ouvrage, consacrée aux outils et méthodes pour s'enrichir en bourse.

Il faut savoir à ce stade que l'approche basée sur les retournements est la plus spéculative, donc celle qui peut vous faire encaisser les plus importantes fluctuations de cours. C'est aussi très probablement celle qui vous demandera le plus de temps, car il faut constamment surveiller les flux de news relatifs aux sociétés concernées. Mais c'est là où les plus beaux « coups » sont possibles ! Il arrive de voir des titres être multipliés par 10 en quelques années. C'est surtout une approche à privilégier après une crise.

En résumé

Comme vous le constatez, tout le monde ne peut pas être boursicoteur. Car, encore une fois, faire du boursicotage désordonné, sans règle, sans principe, et sans savoir où vous voulez aller, ce sera la catastrophe, la fonte très rapide de votre portefeuille.

Vous pourrez vous enrichir avec ce mode d'approche uniquement si vous êtes capable de :

- savoir vendre à perte
- savoir vendre tout court
- savoir vendre une partie d'une ligne d'actions
- être capable de voir votre portefeuille fondre sans paniquer
- toujours penser long terme, c'est-à-dire sur plusieurs années
- savoir diversifier un portefeuille
- savoir se mettre sur le côté (alléger ses positions et attendre) sans jamais sortir de la route (tout vendre)
- savoir où vous voulez aller, si vous voulez suivre le mouvement (acheter ce qui monte) ou au contraire être contre la tendance et attendre patiemment (approche VALUE), ou si vous voulez risquer votre argent sur les retournements.

Ce n'est qu'une fois que vous vous savez capable de tout cela que vous pourrez faire du boursicotage.

AVANTAGES ET INCONVÉNIENTS

Avantages :

- Vous êtes aux commandes de votre portefeuille

- Les plus-values peuvent être rapides et specta-culaires

- Sensation grisante

Inconvénients :

- Il faut s'astreindre à une certaine discipline

- Il faut être capable d'encaisser des pertes parfois sur plusieurs mois

- Il faut pouvoir gérer ses émotions face à l'adversité

-il faut consacrer un peu de temps à la gestion de son portefeuille.

11

LA GESTION DIRECTE, EN MODE TRADER

Les traders des grandes banques qui officient dans les salles de marché ne jouent pas avec leur argent mais avec celui des épargnants. Le trader pour compte propre, lui, est un particulier qui joue avec son argent.

Le trading consiste à acheter des produits financiers (actions, mais plus souvent CFD ou futures) et à les revendre à un prix plus élevé. Pour faire du trading, il faut bien sûr être capable d'anticiper la hausse et la baisse des marchés. Jusque-là, le trader se différencie peu du boursicoteur.

Il y a pourtant une différence très importante entre ces deux modes de gestion directe de votre patrimoine financier. Quand on boursicote, on peut être amené à posséder longtemps une action. C'est d'ailleurs surtout là qu'on peut dire qu'on a investi dans cette action. On investit dans Saint-Gobain pour posséder des actions Saint-Gobain, ce qui sous-entend les garder un certain temps (ça peut être plusieurs années), profiter ainsi des dividendes, se rendre aux Assemblées Générales ou voter par procuration, etc. Le trading exclut cette notion de possession. Le trader ne cherche pas à posséder les actions mais à les acheter pour les revendre et de préférence le plus vite possible. Sur des horizons de temps qui sont de plus en plus brefs. Car le trader joue contre la montre. Donc contre le temps. Mais pour cela, il lui faut disposer de temps à investir dans sa passion. La ressource du trader, mais aussi sa contrainte, c'est donc le temps.

La notion de temps

La notion de temps est beaucoup plus importante pour le trader que pour le boursicoteur. À tel point qu'on a donné des noms aux différents horizons de temps sur lesquels peut intervenir un trader :

- Le day trading consiste à dormir sur ses deux oreilles en sachant qu'à la clôture de la bourse, on n'a plus aucune position en cours de validité. Autrement dit, le day trader ouvre ses positions après l'ouverture de la bourse et les ferme avant la clôture. Sur la bourse de Paris, cela revient à les ouvrir après 9h et à les clôturer avant 17h30. Le day trader ne garde jamais une position après la clôture. Ainsi, les événements économiques, politiques ou autres qui surviennent le soir épargneront son portefeuille, qu'ils soient bons ou mauvais ! À la fin de la journée, le day trader fait le bilan de sa journée. Son objectif n'est pas d'aligner les bonnes journées, mais de faire en sorte qu'en fin de mois, il y a eu plus de bonnes que de mauvaises journées.

- Le swing trading permet de garder ses positions après la clôture. En général on tient ainsi une position pendant une durée de 2 jours minimum, et cela peut aller jusqu'à quelques semaines, mais dans les cas les plus courants, les positions ne dépassent pas 5 jours. Sur une position, un swing trader prévoit généralement de meilleures performances qu'un day-trader mais il doit aussi accepter l'idée d'avoir des pertes plus élevées du fait de garder les positions après la clôture. En effet, les résultats d'entreprises, les événements macroéconomiques tombent souvent en dehors de la séance boursière.

- Le scalper, qui pratique donc le scalping, va chercher à nouer puis dénouer des positions sur des durées les plus courtes possibles. **Nous ne sommes plus dans le règne du très court terme mais de l'instantané.** Ici le temps devient un objectif en soi. Un scalper peut très bien nouer une position à 15h15 et la dénouer à 15h16. En contrepartie il se contentera de très petites variations des cours de bourse, mais devra, pour réaliser des gains conséquents, mettre à chaque fois de très grosses sommes sur la table, au moins des dizaines de milliers d'euros, ou le plus souvent, utiliser les effets de levier. C'est paradoxalement le mode de trading le moins risqué (car les positions sont dénouées très vite, presque dans l'instantané) et le plus prenant.

Trader c'est un métier !

Autant boursicoter demande du temps et une certaine discipline, mais peut rester un loisir qui se pratique en complément d'une activité profession-nelle, autant trader est un métier qui exige le plus souvent d'abandonner toute activité professionnelle à temps plein. Vous devrez au moins vous mettre à mi-temps si vous avez vraiment le projet de devenir trader ! Car les marchés, surtout européens, sont ouverts pendant les heures de travail.

Trader est un métier difficile, exigeant qui nécessite de la discipline, une résistance au stress importante, une qualité d'analyse et d'adaptation, une psychologie hors norme, une maîtrise de soi... et avoir en permanence une épée de Damoclès au-dessus de sa tête et aimer cela, ou du moins accepter de vivre avec cette menace.

Comme le dit Benoist Rousseau dans son best-seller « Devenez Trader Pro ! », si vous voulez devenir trader, il faut vraiment que vous rentriez dans cette démarche intellectuelle : je vais apprendre un nouveau métier. Je retourne à l'apprentissage, c'est du sérieux. J'y viens avec mes qualités naturelles qui seront utiles ou pas et mes défauts qui seront discriminants ou pas dans mon activité de trading. C'est hélas pour cela qu'une grande partie des apprentis traders vont échouer. Ils arrivent avec le mythe de l'argent facile, rapide et sans grand effort. Il n'y a qu'à cliquer. Hélas c'est un peu plus complexe que cela...

Trader c'est une grande discipline de vie !

Pour réussir dans le trading, il faut se dire que c'est comme pour un sport pratiqué à un haut niveau. Vue la charge émotionnelle, il ne faut pas trader lorsque vous avez des soucis, il ne faut pas trader si vous n'êtes pas alimenté correctement (mais sans excès), il ne faut pas trader si vous n'avez pas dormi de la nuit ! La discipline qu'exige le boursicotage semble finalement bien ridicule à côté !

Benoist Rousseau, auteur de « Devenez Trader Pro ! » et rédacteur du blog « Andlil.com », a pu observer, à titre d'illustration, l'impact de sa prise de petit déjeuner ou de l'absence de petit déjeuner sur ses résultats de trading. Le résultat est éloquent :

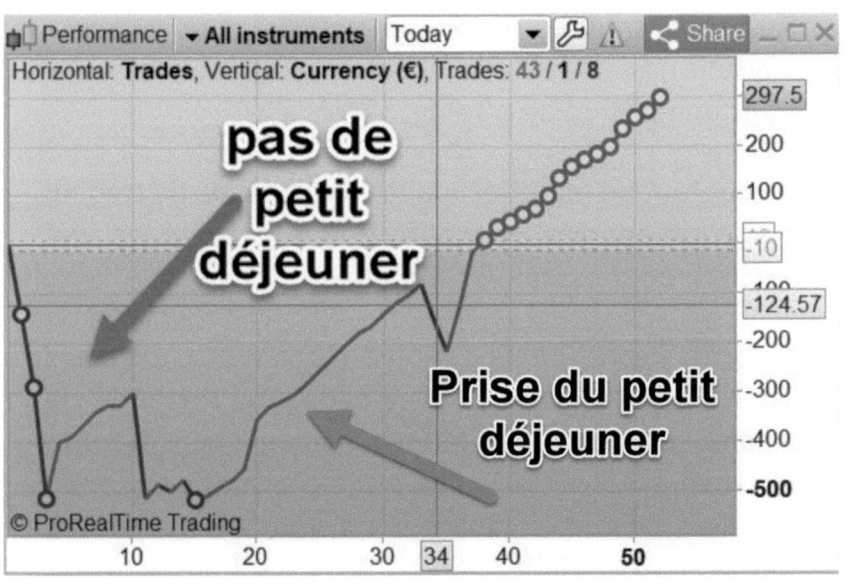

Voici son commentaire : « *Comme trop souvent, j'ai commencé ma journée sans prendre de petit déjeuner. La sanction est immédiate, implacable, mes premiers trades partent dans le rouge. Je n'ai pas mis toutes les chances de mon côté. La conséquence, c'est que j'ai dû ramer toute la matinée pour remonter cette perte faite en quelques minutes. Peut-on imaginer un sportif commencer une compétition le ventre vide ? Non, bien sûr.* »

Trader c'est s'équiper !

Autant un rentier n'a besoin d'aucun matériel, il peut même passer ses rares ordres au téléphone à son banquier... Autant un boursicoteur devra juste avoir à sa disposition un ordinateur avec un accès à internet... Autant un trader a besoin de matériel et de logiciel ! Devenir trader c'est avant tout être capable d'investir dans une station de trading.

Il vous faut un matériel adapté à votre type de trading qui vous apporte un confort, une rapidité et une sécurité pour passer vos trades.

Comme l'écrit Benoist Rousseau dans « Devenez Trader Pro ! », vous pouvez avoir une méthode de trading en béton, un money management à toute épreuve, si votre station de trading se met à ramer au premier pic de volatilité important, vous pouvez perdre votre année... Certaines personnes pensent que ce n'est pas aussi important que cela d'avoir du bon matériel informatique. Ils sont généralement les premiers à hurler quand ils ne peuvent plus passer aucun ordre en période de crise. En effet leur PC et/ou leur ligne internet n'arrive plus à gérer l'afflux des données. Bilan en pleine crise de volatilité, leur ordinateur est gelé et ils sont en pleine panique ne pouvant plus sortir du marché.

Alors qu'un trader avec un matériel correct et optimisé profite tranquillement de la situation sans stress. Rappelons-le encore, le trading ne souffre pas d'approximation, tous les maillons de la chaîne doivent être solides. Un seul maillon faible et cela peut-être la catastrophe au sens propre.

Imaginez que vous soyez à l'achat en levier et que le marché s'écroule sans que vous puissiez réagir. Chaque seconde qui passera sera une éternité si vous êtes trader en compte propre, cela pourra remettre en cause totalement le succès de votre activité ou des années d'épargne...

Il n'existe pas de station de trading idéale car chaque trader est différent et il n'a pas les mêmes besoins. Un trader en compte propre tradant huit heures à 12 heures par jour va privilégier une station de trading très performante, silencieuse et avec du matériel de qualité qui durera plusieurs années.

Voilà à quoi peut ressembler une station de trading :

Bien sûr, en déplacement, un ordinateur portable dopé et un écran supplémentaire peuvent faire l'affaire.

Et il faut évidemment bien choyer son matériel : le sécuriser, actualiser ses logiciels, etc. Pas question de se laisser, en pleine séance de trading, envahir par des mises à jour forcées !

Et on trade quoi au juste ?

Bien qu'on puisse trader à peu près tout, les traders qui réussissent le mieux tradent des indices boursiers ou des devises sur le Forex.

Une des grandes forces des indices et des devises, c'est qu'ils ne sont pas manipulables. En effet, ce qui fait varier l'indice, ce n'est pas vous directement en achetant ou en vendant un indice, ce sont les cours des actions qui le composent. Un indice, c'est une moyenne mathématique pondérée de 30, 40, 100, 500, 2000 cours d'actions d'entreprises en même temps. Idem pour le cours du dollar ! Vous avez beau trader des millions, vous n'aurez aucune influence sur le cours du dollar !

Lorsque l'on parle de Nasdaq 100, cela veut dire que l'indice est calculé avec les 100 entreprises les plus puissantes du Nasdaq. Quand on parle CAC 40, l'indice se calcule avec les cours des 40 plus grandes entreprises françaises. Pour l'indice japonais Nikkei 225, je vous laisse deviner.

Pour manipuler un indice ou une devise, le coût financier serait infiniment plus élevé que les bénéfices espérés et vous vous feriez repérer instantanément. Evitez par contre de trader les crypto-monnaies. Les crypto-monnaies ont des volumes tellement faibles qu'avec quelques millions d'euros vous pouvez faire ce que vous voulez dessus... et ce sont souvent les produits recherchés par les apprentis traders
Attention aussi avec le Forex : ce dernier n'a pas de cotation centralisée, tous les brokers proposent leur propre prix. Méfiance donc !

Les indices sont donc le meilleur support à trader, ensuite les devises. Evitez les actions car les réactions

peuvent être brutales, ainsi que les crypto-monnaies. En mode trading, n'oubliez pas qu'une réaction brutale... et ça peut être la mort financière du trader. Une réaction brutale d'une action peut venir de différents facteurs : le PDG de l'entreprise peut avoir un problème de santé, la société peut être attaquée en justice, elle peut rappeler un produit défectueux, elle peut perdre un procès, se voir interdire l'accès à un marché par des autorités... et tout cela a des conséquences majeures. Des actions qui prennent ou perdent 10 % à 25 %... il y en a tous les jours. Un indice qui perd ou prend 10 %, c'est un événement historique. On n'en parle encore 20 ans plus tard.

Les débutants en bourse sont excités par les fortes variations car ils imaginent bien entendu qu'ils vont gagner +25 %. Ils peuvent aussi se prendre une baffe de -25 % en pleine tête et mettre des années à s'en remettre d'autant plus qu'ils ont un faible capital. Mais cela, ils évitent d'y penser. Une forme de sentiment de toute-puissance est très dangereuse en bourse : « cela ne m'arrivera pas, pas à moi ».

Quant au money-management, dont il a été très fortement question dans le mode « boursicoteur », il ne se pose pas ou peu si vous tradez des indices boursiers. En effet, d'une certaine manière, on peut dire qu'avec un indice nous avons déjà un money-management intégré car c'est tout simplement un panier d'actions. Vous ne mettez pas tous vos œufs dans le même panier. Si vous achetez du Nasdaq 100, vous faites une diversification automatique d'une centaine d'entreprises de haute technologie américaine. En achetant l'indice CAC 40, vous faites une part plus importante aux industries pétrochimiques. Avec le Footsie, vous faites une belle part aux entreprises financières. En tradant le Dax 30, le poids de l'industrie est supérieur à beaucoup d'autres indices.

Pour trader des indices, donc il vous faudra passer par les futures, les trackers ou les CFD.

Tous ces produits ont été explicités précédemment (partie 1, chapitre 4)

Parmi ces 3 catégories de produits, les CFD sont les plus intéressants, surtout pour les débutants. Ils proposent la possibilité d'acheter des indices à partir de 1€ ou 1$ le point. Pour des débutants peu capitalisés cela à l'avantage de leur permettre de trader avec un petit capital. Par exemple, sur CFDs on peut trader le Nasdaq 100 à 1€ le point contre 20$ sur le Future Nasdaq 100 (NQ).

L'exécution est garantie sur CFDs ce qui simplifie largement la vie du trader apprenti qui n'a pas à gérer le carnet d'ordres.

On peut sortir de manière fractionnée sur CFDs. Si vous avez acheté 1 CFDs CAC 40 et que vous souhaitez prendre des bénéfices partiels, vous pouvez revendre une partie de votre position (0.11 ou 0.67 par exemple). Sur Futures, si on a un lot, nous ne pouvons pas sortir en plusieurs fois, on vend le lot ou on le garde.

Mais attention, il existe des comptes CFDs et des comptes CFDs à risque limité. Ce n'est pas la même chose. Lorsque l'on débute et même quand on est un trader plus chevronné, les comptes CFDs à risque limité présentent des avantages indéniables.

Un compte CFDs à risque limité est la nouvelle innovation proposée par quelques brokers afin de donner à leurs clients un produit gardant les avantages des CFDs (large gamme d'instruments financiers à trader en micro mini et lots pleins, des spreads fixes et très bas, par exemple 1 sur le Dax 30 et le CAC 40 aux heures d'ouverture des bourses nationales) tout en limitant les risques des clients avec les stops garantis. En un mot, il n'est plus possible de perdre plus que son dépôt, le risque « overnight » n'existant plus ! C'est une véritable révolution, un bond en avant très important pour la sécurité et l'efficacité du trading et surtout du swing-trading. Le risque d'un gap baissier à l'ouverture des marchés le lundi matin de – 1.18 % par exemple est reporté sur le broker et non le trader. Enfin des nuits calmes ! Mais hélas il y a une mauvaise nouvelle, cela ne concerne que les clients particuliers et pas les clients professionnels…
Or un trader, même vous, si vous décidez de le devenir, est souvent un client professionnel…

Nous allons voir pourquoi…

Le statut fiscal et social du trader

Acheter et vendre des actions permet, pour qui se débrouille bien, de s'enrichir, de gagner de l'argent. Et tout gain est fiscalement imposé. Le trader est donc soumis à une fiscalité. Schématiquement, on peut dire que cette fiscalité est la même que celle de l'investisseur. En gros, l'imposition sur la totalité de vos plus-values se fait depuis la loi de finance 2018 au taux de 30% : c'est la « flat tax ». La ponction se fait à partir du premier euro de cession.

Les moins-values réalisées sur les ventes sont imputables sur les ventes réalisées la même année et sur les dix années suivantes. Ainsi, si l'investisseur a réalisé des plus-values en début d'année, par exemple, il peut avant la fin d'année réaliser des pertes en vendant des lignes perdantes de son portefeuille pour réduire sa fiscalité sur ses plus-values.

Le problème qui va se poser au trader est le suivant : si son activité devient trop régulière, trop importante eu égard à ses revenus (par exemple pour un retraité), si elle nécessite l'achat de logiciels, de matériels, l'accès à des sources d'information privilégiées, l'administration fiscale peut considérer que cette activité est désormais une activité professionnelle. Et à ce titre, elle peut réclamer aux traders des cotisations sociales (URSSAF, etc.) et taxer le bénéfice net généré par l'activité au taux marginal d'imposition qui sera fonction de la situation de chacun. Cette pratique de requalification demeure assez rare mais elle peut concerner tout particulièrement les day-traders et scalpers qui passent leur journée devant leur écran, ce qui en fait de facto une activité professionnelle. D'ailleurs ne voyez pas là-dedans une quelconque injustice… N'avons-nous pas dit précédemment que le trading est une vraie activité professionnelle ? C'est une des raisons pour lesquelles on observe une fuite des day-traders vers des pays moins fiscalisés comme la Suisse, la Belgique voire même la Principauté d'Andorre. Cela n'est pas possible pour tout un chacun. Certains restent amoureux de leur pays quand d'autres ont une famille et/ou un réseau relationnel qui les empêchent de s'écarter durablement.

Si vous voulez réellement vous lancer dans une activité de trading prenante, autant prendre les devants et vous mettre soit en entreprise individuelle, avec numéro de SIRET, etc… soit créer une société (SASU/EURL si vous êtes seul, ou bien SAS/SARL si vous êtes plusieurs). La seule obligation serait alors d'avoir un objet social en adéquation avec votre activité. Par exemple : « gestion d'actifs financiers ». Une société a l'avantage d'être soumise à l'Impôt sur les Sociétés. Et vous pourrez vous mettre une rémunération. Notez aussi que vous pourrez mettre en frais vos achats de matériel, de logiciel, et aussi certains déjeuners ou diners (avec d'autres traders par exemple, si ces repas sont utiles au développement de votre activité).

Quant au PEA, c'est une enveloppe fiscale intéressante mais peu appropriée pour un trader : on ne peut pas prendre d'effet de levier, ni d'instruments dérivés, les mises de départ sont limitées, etc. Le PEA pourrait convenir à un « petit » swing trader qui agit sur les actions et les trackers, mais en aucun cas à un vrai au day-trader ou scalper.

Pour terminer, si vous décidez de devenir trader, dites-vous bien que l'image sociale de cette activité est désastreuse, les gens assimilant volontiers les traders des grandes institutions avec les traders pour compte propre. Benoist Rousseau explique tout cela dans son récit quelque peu humoristique « Les traders sont de vrais communistes... »

AVANTAGES ET INCONVÉNIENTS

Avantages :

- Le trading peut rapporter beaucoup et de façon régulière

- Aucun problème de liquidité de marché à devoir affronter

- Un côté passionnant

Inconvénients

- Exige une discipline de vie et une discipline mentale énormes

- Un investissement pour s'équiper

- Exige de considérer cela comme une activité professionnelle, à tous égards.

Pour finir sur le trading, voici une vidéo de plus de 30 minutes faite par Benoist Rousseau, auteur du best-seller « Devenez Trader Pro » (JDH ÉDITIONS, collection « les pros de l'éco ») :

12

TROUVEZ VOTRE VOIE POUR VOUS ENRICHIR

Evacuons pour le moment la gestion indirecte que je vous ai recommandée exclusivement pour vos assurances-vie.

Trois grandes voies vous ont été exposées pour vous enrichir en bourse : le mode rentier, le mode boursicoteur et le mode trader.

Pour laquelle de ces voies êtes-vous fait ? Le point central de cet ouvrage est bien là. Mon propos dans ce livre est de dire, après 18 ans à éditer des recommandations boursières, à écrire et éditer des livres sur la bourse, que **tout le monde peut s'enrichir en bourse, à condition de pas aller contre sa nature et d'opter pour la voie qui lui convient. Puis de la maitriser, bien évidemment.**

Alors quelle est la vôtre ?

<u>Première question : Quel temps pouvez-vous consacrer à votre portefeuille ?</u>

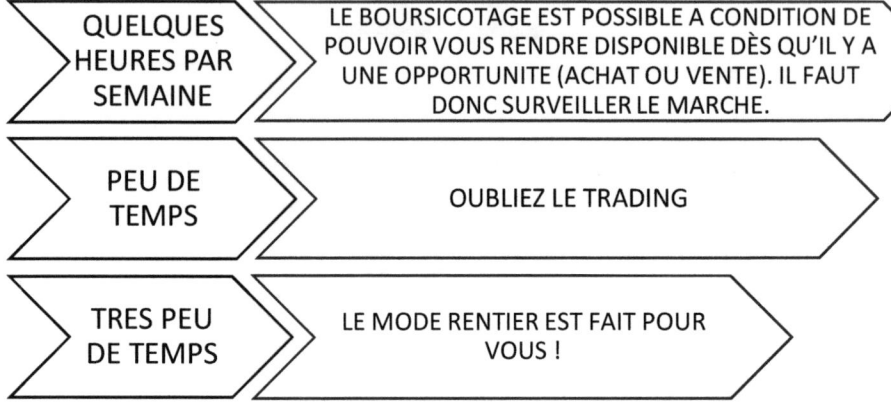

<u>Deuxième question : Est-ce que cela vous plait, vous passionne de manipuler des instruments financiers ?</u>

Si tel n'est pas le cas, si vous ne faites ça que pour l'argent, là encore, oubliez tant le boursicotage que le trading et optez pour un mode rentier.

Si au contraire, tout cet univers vous passionne, que vous aimez suivre les indices boursiers, l'actualité économique, alors vous pourrez, en fonction du degré de votre passion, opter soit pour le boursicotage (intérêt manifeste mais pas au stade de passion), soit pour le trading (passion révélée pour cet univers de courbes et de produits financiers).

Si le monde des entreprises vous passionne, vous opterez davantage pour le boursicotage. Si les indices et les graphiques vous passionnent, vous opterez davantage pour le trading.

Encore une fois, quitte à me répéter, si vous n'avez pas de passion ni même d'intérêt prononcé pour tout cet univers, mais que vous voulez juste vous enrichir, optez pour le mode rentier.

Ne jamais aller contre sa nature. C'est en accomplissant des choses que nous aimons, qui nous intéressent et nous stimulent que nous nous épanouirons et réussirons.

Troisième question : Pouvez-vous accepter de ne pas regarder la valorisation de votre portefeuille, de le considérer au même titre qu'un appartement ?

Si tel n'est pas le cas, oubliez le mode rentier, qui exige vraiment de ne pas considérer son portefeuille comme un actif financier mais comme un immeuble.

Si vous avez besoin de voir régulièrement votre portefeuille, de constater chaque jour s'il a gagné ou perdu de la valeur, alors le mode boursicoteur sera plus adapté à votre personnalité.

Quatrième question : À quelle hauteur êtes-vous prêt à encaisser des pertes ?

Tout le monde ou presque est prêt à encaisser des pertes, de manière provisoire... A partir de là, tout le monde ou presque peut s'enrichir en bourse !

Mais tout le monde n'aura pas la même approche des pertes en question ! Certains sont prêts à encaisser du -50% sur 6 mois du moment que sur 3 ans ils soient en nette plus-value... D'autres sont prêts à encaisser, au contraire 10% de perte par an sur 3 ans, du moment qu'il n'y ait pas de perte trop brutale. Et tout le monde s'accordera à ne pas accepter d'encaisser des pertes sur 10 années consécutives !

Paradoxalement, ce n'est pas dans le trading que vous risquez le plus de pertes, si vous le pratiquez bien et surtout si vous faites du scalping. Cela dit, un trading mal pratiqué peut engendrer des pertes abyssales ! D'où l'intérêt, si vous voulez vraiment devenir trader, de lire un livre spécialisé, comme « Devenez Trader Pro » de Benoist Rousseau.

Là où vous risquez le plus de pertes c'est dans le boursicotage classique, en cas de krach boursier par exemple. Alors qu'un trader pourra toujours inverser ses positions et jouer la baisse, cela sera plus délicat pour un boursicoteur classique. Quant à un rentier, son portefeuille peut très bien se retrouver une année, deux tout au plus en pertes, mais les pertes en question seront modérées en raison de la faible volatilité des actions de haut rendement d'une part, et du parachute que constituent les dividendes d'autre part.

Cinquième question : êtes-vous de nature disciplinée ?

Cette question est essentielle. Enfant, aimiez-vous l'ordre ? l'école ? obéir aux ordres des adultes ? L'ordre vous semble-t-il légitime d'une manière générale ? Aimez-vous l'armée ? La discipline ?

Vous seul pouvez répondre à cette grande question qui concerne votre discipline. Et aux petites questions ci-dessus pour vous aider.

Un trader doit être quelqu'un d'ordonné, capable de s'imposer une discipline de fer. Au contraire, un rentier peut se permettre d'avoir une vie plus dissolue, déjà par le fait qu'il ne soit pas obligé de penser à son portefeuille au quotidien.

Pour le boursicoteur, ce sera entre deux.

Et maintenant ?

Maintenant, vous cernez la voie vers laquelle vous orienter. Si vous investissez en bourse depuis longtemps et que les gains ne sont pas de la partie, peut-être que vous réalisez pourquoi à ce stade de la lecture ! Car vous n'êtes pas sur la bonne voie.

Beaucoup de gens perdent en bourse mais refusent de se remettre en question et imputent cela aux dirigeants des sociétés dans lesquelles ils ont investi, ou encore aux recommandations qu'ils ont suivies, ou encore aux chefs d'état ou de gouvernement... Alors qu'ils sont les seuls à être responsables de leurs pertes et qu'il est facile de fuir ses propres responsabilités, surtout dans une culture dominante où la population est assez peu responsabilisée du fait de toutes les couvertures sociales et de l'Etat-Providence.

Dans la grande majorité des cas, l'explication du fait que des particuliers perdent régulièrement en bourse, tient à un mauvais choix de leur mode de gestion, au choix d'un mode de gestion qui ne sied pas à leur personnalité. De très nombreux particuliers s'obstinent à vouloir boursicoter alors qu'ils ne s'intéressent pas aux actions qu'ils achètent, ont un temps aléatoire à consacrer à la chose et refusent de perdre (et donc de vendre à perte). Ces personnes auraient beaucoup plus intérêt à aller vers un mode de gestion de type rentier, moins prenant, moins stressant, et générant moins de variations.

Peu d'entre vous, très probablement, iront vers le trading ou changeront de voie pour y aller. Le trading ce n'est pas fait pour tout le monde mais pour une petite minorité !

Par contre, si je vous avais mis dans un amphithéâtre et que j'avais demandé « qui se pense avoir une âme de rentier ? » et « qui se pense avoir une âme de boursicoteur ? », il est probable que le nombre de personnes levant la main pour « boursicoteur » ait été nettement supérieur aux « rentiers ». Et pourtant... Il est fort possible qu'à ce stade de la lecture vous découvriez que vous êtes plus faits pour être rentiers !

Si vous êtes fait pour être rentier mais que l'adrénaline quotidienne vous manquera, vous pourrez soit aller la chercher ailleurs, soit, pourquoi pas, consacrer un petit portefeuille pour boursicoter, mais qui devra, dans ce cas, être minoritaire par rapport à votre portefeuille de rentier. Par exemple un portefeuille de 150.000€ destiné à la rente et un portefeuille de 20.000€ pour l'adrénaline, avec par exemple, une approche retournement.

Ces recommandations me semblent précieuses, essayez réellement d'y réfléchir.

Dernière question

Dernière question avant de faire un schéma récapitulatif...

Et si vous n'êtes pas discipliné, que vous ne voulez pas encaisser des pertes (ou très peu), et que vous avez un besoin presque maladif de voir la valorisation de votre portefeuille chaque semaine (voire chaque jour !) ?

Dans ce cas, je vais être franc... Optez pour de la gestion déléguée. C'est aussi pour cela que j'ai un peu développé la question précédemment. Mais surtout, comme cela a été précisé, ne choisissez pas les fonds que vous proposent votre banque par défaut. Allez sur Quantalys, prenez le temps de faire votre recherche, de comparer les fonds et surtout, si vous n'aimez pas supporter les pertes, ne regardez pas forcément la performance mais choisissez les fonds qui ont encaissé les pertes les moins élevées dans le passé. Car, même si les performances passées ne présagent pas des performances futures, un fonds a une sorte de culture interne de la perte et du gain. Préférez de l'obligataire si vous ne supportez pas les pertes.

Et n'oubliez pas qu'on ne peut pas, ou très difficilement, avoir le beurre et l'argent du beurre. **Si on recherche des gains élevés, on doit accepter le risque de pertes élevées.** Avec un risque ridicule, la récompense est ridicule ! C'est la réplique d'un célèbre western des années 70 !

Voici le lien direct vers Quantalys :

www.quantalys.com

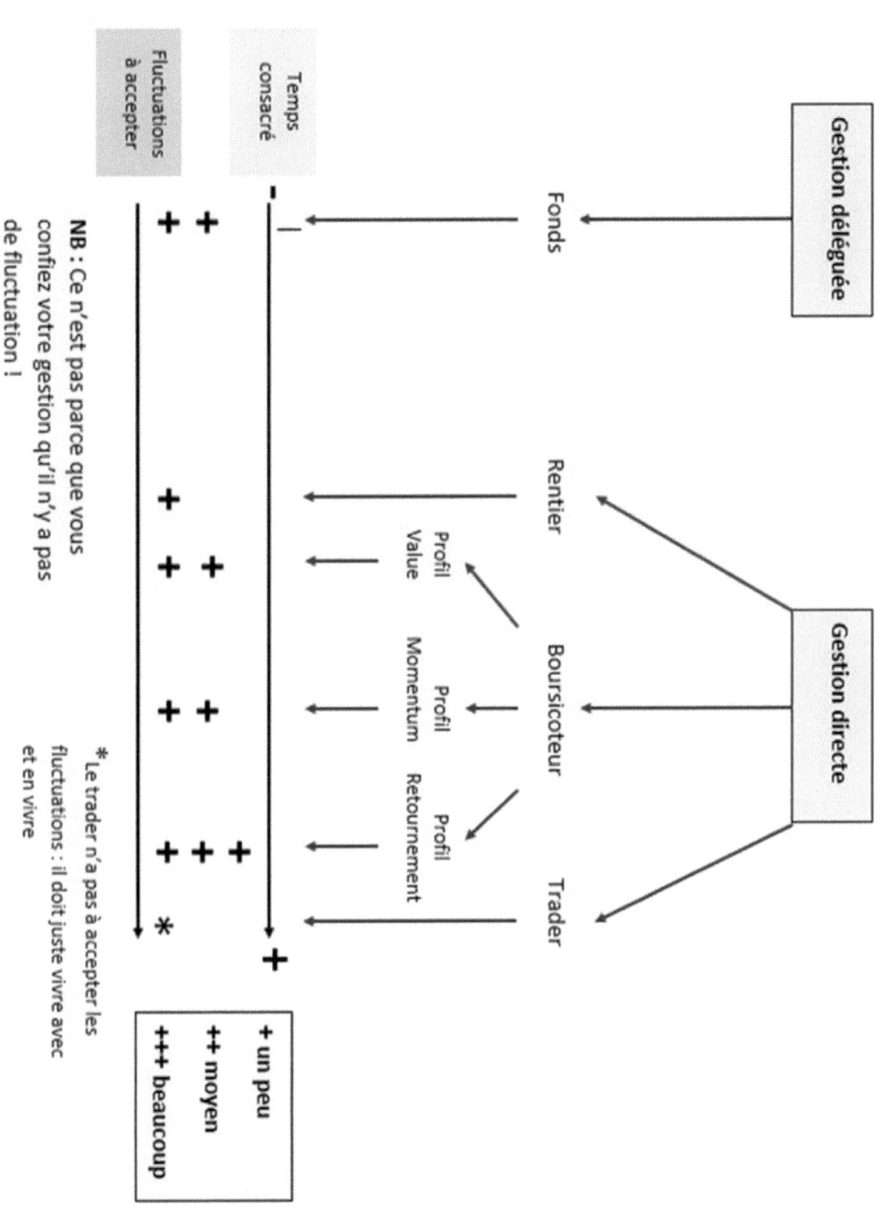

LES OUTILS POUR S'ENRICHIR EN BOURSE

Maintenant que vous savez qu'il y a plusieurs chemins pour s'enrichir en bourse, et que vous cernez le chemin qui vous convient le mieux (qui n'était d'ailleurs pas forcément celui auquel vous pensiez à priori), il est temps de découvrir les outils qui vous permettront de prospérer sur ce chemin !

13

QUELS OUTILS POUR QUEL CHEMIN ?

Vous devez aller d'un point A à un point B, plus haut que le point A. Vous avez des routes, des autoroutes, des chemins de campagne... Il est évident qu'une voiture de sport sur un chemin de campagne ne fera pas l'affaire. Inversement un 4X4 bien rustique ne fera pas l'affaire sur une autoroute !

Nous allons reprendre les 3 grandes voies pour vous enrichir en bourse en gestion directe : la voie du rentier, la voie du boursicoteur, la voie du trader.

La gestion déléguée ne nécessite pas d'outils particuliers car vous déléguez les outils. En gros, vous vous faites conduire et devez alors impérativement faire confiance au conducteur.

Vous avez à votre disposition deux grandes catégories d'outils : l'analyse fondamentale et l'analyse technique, dite aussi analyse graphique ou analyse chartiste, ou chartisme.

L'analyse fondamentale consiste à étudier les fondamentaux des sociétés cotées, c'est-à-dire leurs indicateurs de santé économique et financière.
L'analyse technique, ou graphique, ou chartiste (autant de synonymes), consiste à étudier les évolutions graphiques des cours de bourse des sociétés en question.

Si vous vous intéressez à Peugeot, faire de l'analyse fondamentale consistera à étudier la position de Peugeot sur son marché, à étudier son chiffre d'affaires et ses bénéfices, à projeter ce que pourraient être ce chiffre d'affaires et ce bénéfice pour les années qui viennent, sous quelles conditions, à se questionner sur l'endettement, et à partir de tous ces éléments, à se demander combien peut valoir l'entreprise Peugeot. Est-elle trop chère ou pas assez chère ? Si elle est trop chère je vends, si elle n'est pas assez chère j'achète.

L'analyse graphique consistera à observer l'évolution du titre Peugeot dans le temps, à essayer de trouver des tendances, des points d'appui, et à faire des projections pour essayer de prévoir la courbe sur le futur.

Le trader s'intéressera quasi-uniquement à l'analyse graphique, cela va sans dire. Les fondamentaux ne lui seront pas d'un grand intérêt, surtout s'il trade des indices boursiers, comme cela a été préconisé. À la rigueur, s'il trade des actions, il peut éventuellement essayer de se positionner juste avant des annonces de résultats s'il connait bien l'entreprise dont il va trader l'action.

Le rentier ne s'intéressera qu'à une partie de l'analyse fondamentale, celle qui concerne le rendement et les perspectives de rendement. Il pourra néanmoins quelque peu se servir des graphiques pour optimiser son investissement.

Le boursicoteur aura tout intérêt à mélanger équitablement les deux approches afin d'optimiser ses zones d'achat et ses zones de vente. À noter que le boursicoteur qui aura davantage un profil « momentum » privilégiera l'analyse graphique, tandis que celui qui a un profil « value » ou « retournement » privilégiera nettement l'analyse fondamentale.

14

L'ANALYSE FONDAMENTALE : GÉNÉRALITÉS

Lorsque vous investissez en bourse, et que vous achetez des actions, vous achetez en fait des parts, d'infimes portions d'entreprises.

A partir du moment où vous vous souvenez de cette vérité, vous devez naturellement être amené à vous intéresser de près à l'entreprise qui vous tente.

Les fondamentaux sont les indicateurs qualitatifs et quantitatifs de santé économique et financière de l'entreprise.

Les indicateurs qualitatifs concernent l'activité de l'entreprise, comme la pertinence de ses produits, la qualité de son management, l'organisation du pouvoir, la notoriété de la marque, des éventuels brevets, mais aussi la qualité de la communication de l'entreprise en question.

Les fondamentaux quantitatifs sont tous les indicateurs dont vous entendez souvent parler : le chiffre d'affaires, les bénéfices, la croissance des bénéfices, la part des bénéfices distribuée, les ratios financiers comme le PER.

À votre niveau d'épargnant individuel, on ne vous demandera pas de passer un concours pour devenir analyste financier ! Inutile donc de vous embarrasser l'esprit avec des dizaines d'indicateurs.

Partez de quelque chose de simple, de très simple: le prix de l'entreprise. Si vous deviez acheter la parfumerie d'en bas de chez vous, des questions très simples vous viendraient à l'esprit, du genre :

- Combien vaut-elle ?

- Quelle recette réalise-t-elle ?

- Combien de marge dégage-t-elle ?

- Quel est son potentiel ?

- Quelle est la concurrence ?

Puis la question qui combine toute ces questions : on veut me vendre le fonds de commerce 300.000€, est-ce cher ou pas ?

Si je vous ai dit plus haut que lorsque vous investissez en bourse, vous achetez en fait d'infimes portions d'entreprises, c'est parce que le raisonnement est toujours le même, que vous achetiez une épicerie ou que vous achetiez Facebook !

Une action a un cours de bourse, et cela à chaque instant si elle est cotée en continu. Ce cours de bourse correspond à une **valorisation boursière** (ou **capitalisation boursière**), qui est tout simplement égale au cours de bourse multiplié par le nombre d'actions existantes.

Cette valorisation, une fois que vous la connaissez, répond à la question posée ci-dessus : « combien vaut-elle ? ». Mais ne répond pas à la question de savoir si elle est chère ou pas.

Pour cela, il va falloir rapporter cette valorisation au chiffre d'affaires ou aux bénéfices.

C'est ainsi que l'on calcule des ratios de valorisation, qui ont une importance capitale en analyse fondamentale.

Avant d'aller plus loin, quelques précisions importantes sur les différents soldes comptables.

Tout le monde sait ce qu'est un chiffre d'affaires (c'est le produit des ventes par les quantités vendues). Tout le monde sait ce qu'est un résultat net, à savoir ce qu'il reste dans la caisse une fois tout payé, tout, vraiment tout, y compris les impôts, les charges financières et les éléments exceptionnels.
Mais entre ces deux masses du compte de résultat d'une entreprise, il y a plusieurs résultats, et chaque

entreprise a le droit de communiquer principalement sur celui qu'elle souhaite.

Il y a 15 ou 20 ans, seul comptait le résultat net pour faire de l'analyse fondamentale. Aujourd'hui, tous les éléments intermédiaires comptent.

Quelle est la différence entre ces résultats intermédiaires, de plus en plus regardés par le marché ?

La voici, exposée de façon simple :

<u>Chiffre d'affaires</u>
– Achats consommés
– Consommations en provenance de tiers
– Services extérieurs consommés
+ Subventions d'exploitation
– Frais de personnel (salaires et charges sociales)
– Impôts et taxes (autres que l'impôt sur les sociétés).
<u>= EBE</u>
– Participation
– Dotations aux provisions d'exploitation
<u>= EBITDA</u>
– Dotations aux amortissements sur immobilisations incorporelles y compris du goodwill
– Dotations aux amortissements sur immobilisations corporelles
<u>= EBIT</u>
+ Participation
+ Dotations aux amortissements du goodwill
<u>= REX (résultat d'exploitation)</u>

Pour les actionnaires individuels, le piège le plus fréquent consiste à ne regarder que le cours de l'action, sans le multiplier par le nombre d'actions existantes. Le cours en lui-même ne veut rien dire ! Une société peut être chère à 0.12€ si elle a énormément d'actions ! Une autre, à 287 € l'action, peut être bon marché ! La valeur de l'action en elle-même, ne signifie rien si elle n'est pas multipliée par le nombre d'actions existantes !

Et l'idée principale de l'analyse fondamentale est de diviser la valeur de l'entreprise par un solde de gestion, que ce soit le chiffre d'affaires, le résultat d'exploitation ou le résultat net. Cela afin de pouvoir exprimer la valeur d'une entreprise en unités de temps.

Supposons que la fameuse parfumerie en bas de chez vous soit proposée à la vente à 300.000€, pour un chiffre d'affaires de 350.000€, un résultat d'exploitation de 40.000€ et un résultat net de 30.000€.

À 300.000€ elle vaut donc :

- Moins d'un an de chiffre d'affaires (CA), et plus exactement 10 mois de CA

- 7 ans et demi de résultat d'exploitation

- 10 ans de résultat net (on parle de PER de 10)

Le **PER** (Price Earning ratio) consiste à diviser la capitalisation boursière par les bénéfices nets. C'est un ratio très important dans l'analyse fondamentale !

Un PER de 10, est-ce cher ou pas ? Il faudra comparer aux autres ventes de parfumeries qui ont eu lieu dans la ville voire dans le quartier. Il faudra aussi voir le potentiel d'agrandissement, les évolutions du quartier, des clients... Savoir si elle a des dettes, aussi, cela est très important !

C'est exactement cette démarche que l'on applique aux sociétés cotées.

On divisera la capitalisation boursière par le chiffre d'affaires ou le résultat net pour dire « cette société vaut tant d'années de chiffre d'affaires ou de bénéfices ».
Et par tradition, quand on regarde les soldes intermédiaires, donc ceux qui se situent entre le chiffre d'affaires et le résultat net, on n'utilisera pas la capitalisation boursière mais la valeur d'entreprise comme valorisation à mettre au numérateur.

La valeur d'entreprise n'étant pas seulement la capitalisation boursière mais la capitalisation boursière augmentée des dettes ou réduite de la trésorerie si l'entreprise a une trésorerie qui excède les dettes.

Si je reprends la petite parfumerie qu'on veut vous vendre 300.000€, on peut dire que l'équivalent de ce que serait en bourse la capitalisation boursière c'est 300.000€ (le prix auquel on veut vous la vendre) et que la valeur d'entreprise c'est 300.000 + le montant des dettes restant à payer. Ainsi, si la parfumerie doit 120.000€ de dettes, sa valeur d'entreprise sera de 300.000 + 120.000 = 420.000€. Si au contraire elle n'a pas de dettes et dispose de 50.000€ de trésorerie, sa valeur d'entreprise sera de 300.000 – 50.000 = 250.000€. Disposer d'une trésorerie nette est un atout pour la valorisation d'une société car c'est en fait comme une dette négative.

Si on reprend les soldes intermédiaires de gestion d'une entreprise, présentés un peu plus haut, plus on descend, plus il est justifié que le ratio de la valeur d'entreprise rapportée au résultat correspondant soit élevé.

Ainsi un ratio VE/REX de 10 peut correspondre par exemple à un ratio VE/EBE de 5 et à un ratio VE/EBIDTA de 7...

Comme vous le voyez, on peut mesurer la cherté d'une entreprise par des ratios : PER, VE/EBITDA, VE/REX, etc. Ou tout simplement capitalisation/chiffre d'affaires.

Quel ratio utiliser et quand ?

Tout dépendra de la société que vous étudiez. Déjà, toutes ne sont pas bénéficiaires. Et une entreprise n'est pas à jeter car elle ne fait pas de bénéfice net, mais un déficit. Quand une société ne fait pas de bénéfice net, le PER n'a pas de sens et on préférera utiliser le ratio VE/EBITDA par exemple. Et si son EBITDA est lui aussi négatif, alors il ne reste plus que le chiffre d'affaires à regarder...

La presse financière vous parle souvent des valeurs « opéables ». Pourquoi ? Tout simplement car il faut se mettre parfois dans la peau des grands groupes industriels et se dire : « *quelles sociétés vont-ils d'offrir demain ?* ». Et pour cela, il faut se poser les questions précédentes.

Quand on parle de chiffres, nous sommes sur des fondamentaux quantitatifs. Il y a aussi des fondamentaux qualitatifs. Ils ont leur importance et sont à croiser avec les fondamentaux quantitatifs. Si une société a un bon management, est crédible dans sa communication, n'a jamais menti sur ses estimations de résultats, elle pourra justifier de PER bien plus élevés qu'une société identique du même secteur qui a des dirigeants mis en examen, qui a déjà bluffé le marché en annonçant en janvier que les bénéfices allaient être bons puis en février que finalement la société est en déficit ! Ce genre de cas, hélas, existent ! Le management est très important ainsi que ses projets. Le marché n'accorde pas sa confiance aveuglément à une équipe dirigeante. Il faut qu'elle fasse ses preuves. Et les projets peuvent permettre d'accorder une **prime de valorisation** car le but premier de la bourse est d'anticiper l'avenir. Longtemps une société comme Iliad a fait rêver le marché avec des ratios de valorisation très élevés (PER de 20 voire 25 quand les autres acteurs des télécoms étaient valorisés à des PER de 8 ou 10), mais cela est fini depuis 2017/2018, le groupe étant désormais valorisé presque comme ses concurrents. La prime de valorisation a disparu car le marché a réalisé qu'Iliad est arrivée au bout de ses perspectives de conquête et que le management ne pouvait pas aller beaucoup plus loin.

15

L'ANALYSE FONDAMENTALE : CAS PARTICULIERS

En général, on considère que pour une société qui se porte bien, sans pour autant faire rêver, dans un marché qui ne soit ni euphorique ni dépressif, un PER de 10 à 13 est la norme. Saint-Gobain par exemple en 2019 : société saine dans un marché qui se porte bien.

Et pourtant… parfois certaines entreprises sont capitalisées à plus de 100 fois les bénéfices, voire à plus de 50 fois leur chiffre d'affaire !

Comment ces excès sont-ils possibles ?

Il faut bien réaliser qu'au-delà du cas général, il y a une multitude de cas particuliers que nous allons passer en revue de manière non exhaustive.

Il y a les sociétés innovatrices, les sociétés étrangères, les sociétés de rendement (pour les rentiers), etc.

Les sociétés innovantes et la haute technologie

L'innovation c'est, comme son nom l'indique, la création d'une nouveauté technologique. Ce qui est une innovation aujourd'hui ne le sera plus demain. Un écran plat était une innovation il y a 20 ans, ça n'a plus rien d'innovant aujourd'hui. Nous le verrons plus tard, la bourse a tendance à fortement valoriser l'innovation au départ, au lancement, puis au fur et à mesure que ça rentre dans les mœurs, les valorisations tombent.

Tout produit, et au-delà toute catégorie générique de produit suit un cycle de vie, qui passe par plusieurs phases. Ce cycle de vie a été mis en évidence par de nombreux économistes comme R.Vernon en 1966. Cette théorie du cycle de vie du produit a fait le tour du monde et a servi à de nombreuses stratégies marketing.

La théorie du cycle de vie nous apprend que tout produit, et au-delà toute catégorie de produit, toute catégorie d'innovation, suit plusieurs étapes qui peuvent être résumées par le graphique suivant :

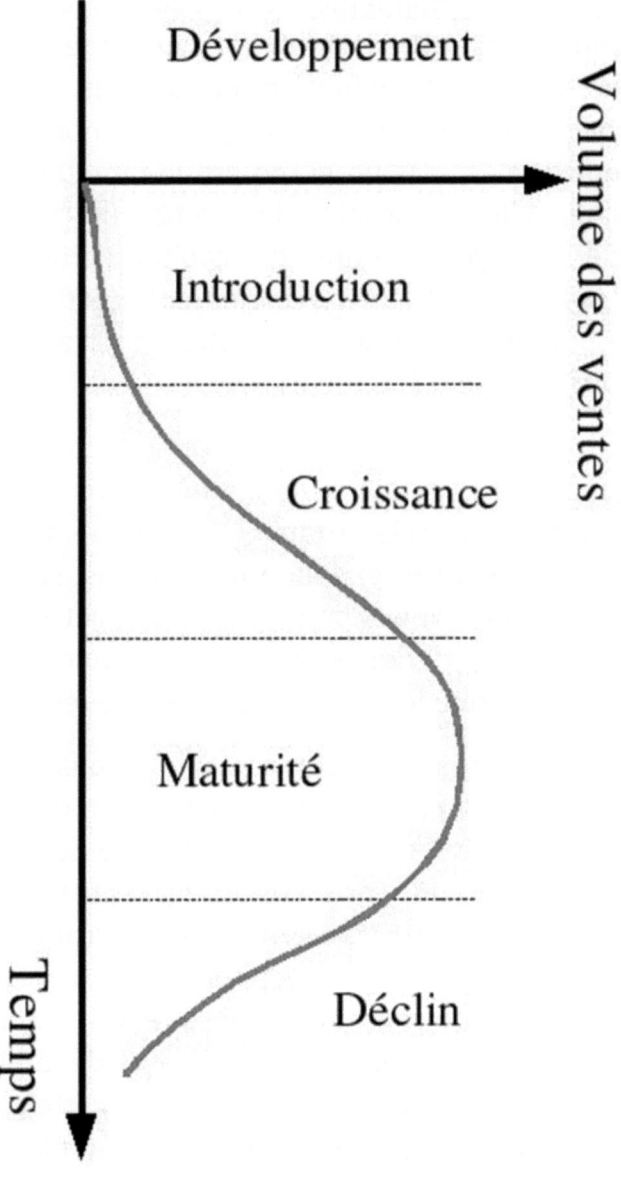

- La phase de développement correspond à une phase où l'innovation n'est pas encore lancée sur le marché. Les ventes sont par définition inexistantes, mais les frais de développement sont parfois énormes. Si l'entreprise n'est pas un grand groupe multinational diversifié, elle a besoin de nombreux soutiens financiers (augmentations de capital récurrentes, fonds publics, etc.). C'est évidemment à cette phase que le potentiel financier est le plus important, mais aussi que la prise de risque est maximum.

- La phase de lancement (ou introduction) correspond à la phase de mise sur le marché. Les ventes sont balbutiantes mais, si le produit prend, les ventes sont alors en croissance exponentielle. Rares sont les entreprises qui font des bénéfices durant cette phase car le produit est cher, et ne concerne que peu de monde, tandis que les frais restent très élevés.

- La phase de croissance correspond à la phase où le produit passe à la production de masse. Les coûts sont alors réduits par les économies d'échelle liés à une production en grande série. Les prix de vente baissent, l'entreprise, si elle est bien gérée devient profitable. Il y a souvent de très belles opportunités boursières dans cette phase sans que le risque soit énorme. Évidemment, le potentiel n'est plus celui de la phase de développement. On découpe souvent cette phase en deux parties : la phase de croissance accélérée et la phase de croissance ralentie. La phase de croissance accélérée suit celle de lancement tandis que celle de croissance ralentie se rapproche de la maturité

- La phase de maturité est une phase où l'innovation n'en n'est plus une dans la mesure où elle est ancrée dans les mœurs (le téléphone portable par exemple). Les marges se réduisent car d'une part les compétiteurs deviennent nombreux et d'autre part chaque entreprise doit innover pour amener un plus au produit et se distinguer de son compétiteur (c'est par exemple ce qu'Apple a fait en 2007 avec l'I-Phone, avant d'être imitée par tous ses compétiteurs). En bourse, on ne se positionnera pas sur un produit en phase de maturité sauf si cette maturité est améliorée par une innovation mineure (il eut été intéressant de se positionner sur Apple en 2007 par exemple). **En effet, un produit en maturité peut subir des innovations qui font qu'il est relancé. On dit alors qu'il est en phase de relance.**

- La phase de déclin est celle où les ventes diminuent car des produits de remplacement apparaissent. Évidemment, il ne faut jamais se positionner en tant qu'investisseur, dans cette phase. Sauf pour un leader sur un marché lentement déclinant (celui du papier par exemple). Mais cela ne nous concernera pas ici. Sauf à ce qu'il y ait des innovations majeures sur un produit en déclin…

Comment la bourse valorise-t-elle l'innovation ?

L'analyse fondamentale classique veut que, pour évaluer une société, on fasse des calculs en tenant compte d'un certain nombre de ratios et chiffres comptables : chiffre d'affaires, résultat d'exploitation, résultat net, endettement, actif, etc. On regarde les exercices passés, l'exercice en cours et on fait les projections pour les exercices futurs.

Sur une société fortement innovatrice, qui propose une technologie de rupture, le raisonnement du marché sera totalement différent.

Deux cas de figure :

- La société a une activité et fait du chiffre d'affaires et des bénéfices. Dans ce cas, le marché va faire comme dans le cas d'une société classique mais en pondérant d'avantage le futur, et en extrapolant pour l'avenir de très forts ratios de croissance. Dans ce cas, on observe, par rapport à l'exercice en cours, ou par rapport aux exercices passés, des ratios de valorisation très élevés. Surtout sur le Nasdaq, où les PER de ces sociétés sont parfois de 50 voire 100. Plus le marché anticipe une forte croissance plus le PER sera élevé. Mais attention, s'il est déçu, c'est la douche froide ! Ainsi, les sociétés d'imprimantes 3D se valorisaient, il y a quelques années, à 10 voire 20 fois leur chiffre d'affaires... Mais, vu que le marché a réalisé que la croissance serait moins importante que prévu, que ces sociétés alignaient les exercices déficitaires, elles ne valent plus qu'actuellement qu'une fois leur chiffre d'affaires, soit le prix d'une société lambda.

Par ailleurs, lorsque les résultats arrivent, les chutes peuvent être brutales : si le marché a anticipé trop de croissance et qu'il y en a moins que prévu, c'est la porte ouverte à un ajustement brutal. À l'inverse, de bonnes surprises peuvent amplifier le phénomène.

Une société innovante sera en définitive survalorisée aussi longtemps qu'elle réussira à faire rêver.

- La société n'a pas encore d'activité. C'est le cas d'une société mono-produit en phase de développement. Il n'y a ni chiffre d'affaires ni bénéfices. C'est la porte ouverte à toutes les spéculations, tous les excès et toutes les anticipations les plus délirantes !... Ou pas... Il est devenu courant de voir une société qui fait zéro chiffre d'affaire, capitaliser à plusieurs dizaines voire centaines de millions d'euros ou de dollars, car la technologie fait rêver et propose une totale rupture ou une innovation qui va bouleverser les modes de vie. **Plus la société propose une forte rupture technologique, plus elle sera valorisée si son équipe dirigeante est crédible.** Mais cela ne dure pas forcément dans le temps. Car plus la sortie commerciale du projet traine en longueur, moins le rêve sera présent. Nous l'avons vu avec Carmat (créateur du cœur artificiel). L'exemple des biotechs est probant. Lorsque le marché est déçu car les tests sont décevants, que les produits attendus ne vont pas sortir, la sanction peut être énorme.

Ces dernières considérations appellent deux commentaires :

- Lorsque la déception est de mise sur une société innovante, il ne faut pas insister. Il faut vendre, quitte à y revenir plus tard.

- Le secteur des biotechs, même s'il a le vent en poupe, est trop aléatoire, et nécessite des compétences techniques (biologiques) pour le comprendre. Les biotechs feront l'objet du paragraphe suivant.

On notera qu'il existe aussi de grandes sociétés établies qui se mettent à innover et à aller sur des technologies de rupture. C'est le cas des fameuses GAFA ou GAFAM ou GAFAMN (selon la façon dont on les considère). Les principales ont Google, Facebook, Amazon, Apple, Microsoft voire Netflix.

À ne pas confondre avec les « **licornes** » qui sont des immenses start-ups connues de la terre entière ou presque et qui ne finissent plus d'être en mode start-up (en ce sens que leur modèle change, se cherche presque en permanence). Uber est la plus connue. Les licornes font du chiffre d'affaires mais pas de bénéfices. Et cela peut durer longtemps. Twitter, par exemple, ne réalise toujours pas de bénéfices !

Les biotechs

Les sociétés biotechnologiques dites biotechs démentent tous les ratios de valorisation habituels. Elles valent des dizaines voire des centaines de millions d'euros alors que leur chiffre d'affaire est inexistant ou quasiment inexistant, et qu'elles ne font que des pertes sur pertes pendant des années et des années. Et la valorisation tient bon dans le temps même si le marché est aujourd'hui loin de la frénésie qui a été la sienne sur ces sociétés dans les années 2012 à 2015.

Prenons le cas de Genfit par exemple : 500 millions de capitalisation boursière (en septembre 2019) pour un chiffre d'affaires de 69.000€ (l'équivalent d'un petit plombier en zone rurale) et des pertes de l'ordre de 70 millions d'euros.

En fait, les investisseurs raisonnent complètement différemment sur les biotechs. Il y a les biotechs et les autres.

Comme l'a expliqué au micro de Francebourse.com Pierre-Louis Germain, journaliste spécialisé dans les biotechs, et auteur du livre « Investir dans les biotechs » (Maxima), « *On prend les DCF (cash flow attendus) et on décompose projet par projet avec une probabilité de réussite des essais cliniques, puis on fait une moyenne pondérée. La faiblesse de ce modèle est que les taux de réussite sont très faibles. Et le développement incertain. L'exemple-type est Carmat qui devait finaliser son cœur artificiel en 2013... puis 2014... puis 2016... puis plus rien !* ». Avant de rajouter : « *Pour contrebalancer tous ces inconvénients, il est cependant important de noter que pour chaque produit, chaque médicament, on sait quelle serait la cible dans le monde. Contrairement à une société classique où tout dépendra du marketing et de la réaction des consommateurs, on a ici à chaque fois une quasi-certitude sur le nombre de personnes qui seront concernées par le produit vendu. C'est là que réside la force des biotechs.* ».

Autrement dit, on oublie les méthodes de valorisation habituelles, et on se dit que plus la cible attendue par un médicament sera grande, plus le titre pourra monter.

Seulement, raisonner ainsi est finalement admettre implicitement que le secteur des biotechs est en soi une géante bulle spéculative... Un secteur sur lequel il faut toujours faire preuve de méfiance, mais qui attire largement les traders car les sociétés en question ont souvent un flottant important, ce qui permet de trader plus facilement ces titres, qui, de plus, sont très volatiles.

Les actions étrangères

La manière dont les différents marchés boursiers valorisent les sociétés qui y sont cotées va différer d'un pays à l'autre, il est important de le savoir quand on s'apprête à investir sur un pays étranger.

Les bourses de la Zone Euro évaluent les sociétés en fonction de leurs résultats, leur chiffre d'affaire, et très occasionnellement en fonction de leur actif ou de leurs capitaux propres. En Europe le PER (cf plus haut) est roi quand les entreprises sont bénéficiaires. Depuis ces dernières années, a été néanmoins exportée des États-Unis l'approche par l'EBITDA (l'équivalent de l'excédent brut d'exploitation). D'ailleurs, quelle entreprise cotée ne parle pas de son EBITDA ? Une notion pourtant inconnue chez nous il y a 10 ans. Le ratio VE/EBITDA prend même souvent la place du PER désormais.

En revanche, à l'échelle d'un indice, le PER garde toute sa valeur car le bénéfice net est le ratio le plus facile à comparer d'une société à l'autre. Le PER du CAC qui était monté jusqu'à 21 en 2015 a entamé son cycle de baisse depuis et il est actuellement de 13.

À l'intérieur du continent européen, les différentes places financières ne valorisent pas les sociétés de la même manière. Ainsi, **en Suisse ou, dans une moindre mesure en Allemagne, les grandes entreprises sont plus généreusement valorisées qu'en France.** Chez nous un PER de 20 est déjà un très beau PER, même pour un géant, alors qu'en Suisse, c'est un PER très moyen. Cela a toujours été.

Les bourses anglo-saxonnes évaluent beaucoup plus facilement les sociétés en fonction de leurs actifs. Et tout particulièrement le Nasdaq. Ainsi, sur une société internet, seront valorisés le trafic, le nombre d'inscrits, la force du nom de domaine, le potentiel publicitaire, etc. Bien plus que le chiffre d'affaires. C'est ainsi que des PER de 50, 100 ou 200 sont communément admis sur ce marché et sont le reflet de l'hyper-croissance. Impensable chez nous !

Une fois que l'on a compris ces différences d'approche, finalement symptomatiques d'une différence de culture économique, on peut aller sans sourciller investir sur les marchés américains. Des marchés désormais facilement accessibles depuis vos courtiers en ligne. La quasi-totalité des banques et sociétés de courtage proposent désormais la possibilité de passer des ordres sur le marché américain. Normal : le New-York Stock Exchange et Euronext ont fusionné, donnant naissance à NYSE-Euronext en 2007.

Les foncières

Une société foncière, qui a très souvent le statut de SIIC en bourse, ne se valorise pas avec les mêmes ratios qu'une société commerciale ordinaire.

Le PER (capitalisation/bénéfices, rappelons-le) peut être utilisé mais seulement à titre indicatif.

Quant au ratio VE/EBITDA, très à la mode depuis quelques années, il n'a aucun sens pour valoriser une foncière en raison de l'endettement inhérent au métier.

Les deux ratios principaux sont la capitalisation sur l'actif net réévalué ou ANR (valeurs des biens possédés diminuée de l'endettement) et le rendement.

Un ANR de 30€ par action et un cours de bourse de 15€ fait par exemple apparaitre une décote de 50%. En général, **plus la perception de la foncière est bonne, plus la décote est faible**. Dans les périodes hautes du cycle, il peut même y avoir une surcote.

Quant au rendement, il peut aussi avoir toute son importance.

Enfin, un ratio intéressant est le ratio "loan to value". Ce ratio (les termes anglais sont de plus en plus fréquents dans le jargon financier) est le rapport entre l'endettement net et la valeur des biens possédés. Si vous avez un patrimoine immobilier d'un million et qu'il vous reste 600K€ de crédits à rembourser, votre rapport « Loan-to-Value » est de 60%. Plus bas ce ratio, mieux c'est. Et donc plus l'ANR mérite d'être élevé car le risque est alors moindre.

Les valeurs de rendement

Comme cela a été largement explicité lors du chapitre 9, une valeur de rendement en est vraiment une lorsque son dividende est pérenne, et que l'entreprise ne déçoit pas.

Une société qui offre un gros rendement récurrent est par définition une société qui ne réinvestit pas ses bénéfices. Par conséquent, elle aura du mal à réaliser de la croissance. C'est pour cette raison qu'on a tendance à opposer valeurs de croissance et valeurs de rendement.

La notion de PER tout comme celle de ratio VE/EBITDA deviennent peu opérationnelles, quoiqu'elles peuvent néanmoins parfois avoir une certaine utilité dans la valorisation.

Sur une valeur de rendement, on se focalisera sur le taux de rendement, son historique (voir chapitre 9), sa stabilité mais aussi sur les taux d'intérêt servis par les marchés monétaires et obligataires. En effet, les actions de rendement sont directement en concurrence avec les obligations. Et comme le marché a tendance à faire davantage confiance à des États qu'à des entreprises, il y aura une prime de risque sur le rendement d'une action par rapport à une obligation. Ainsi si une obligation offre 1% de rendement, il sera logique qu'une action offre 4% ou 5% pour compenser le risque plus important et aussi le fait que, contractuellement, une entreprise n'a aucune obligation de payer un dividende sur une action alors qu'une obligation, qu'elle soit émise par un Etat ou une entreprise, est contractuellement asservie au détachement d'un dividende.

16

L'ANALYSE FONDAMENTALE : APPRENDRE À NOTER LES ACTIONS

Faire de l'analyse fondamentale c'est bien beau, mais avoir un cadre dans lequel on peut noter une société pour savoir si oui ou non on peut s'en porter acquéreur, c'est encore mieux ! C'est pourquoi j'ai mis au point, en 2015, une méthode de notation des sociétés qui montre sa pleine efficacité dans l'évaluation des PME bénéficiaires. Mais qui peut être utilisée pour toute entreprise, même si c'est au niveau des PME qu'elle est le plus efficace.

15 critères sont passés en revue et notés chacun de 0 à 5 :

- <u>Secteur d'activité</u>. Certains secteurs sont plus porteurs que d'autres c'est évident ! Plus le secteur est porteur, plus la notation est élevée. Être porteur ne veut pas dire faire fantasmer. Être porteur signifie qu'un véritable marché existe et se développe... Un secteur en déclin comme le papier ou l'affranchissement sera ainsi noté 0 ou 1.

- Position sur le secteur. Une position de leader ou de conquérant de parts de marché sera évidemment mieux notée. Mais l'on tiendra compte aussi de la solidité du positionnement.

- Ambitions sur le positionnement sectoriel. Une société cherchant à conquérir des parts de marché ou à créer une niche qui lui est propre sur un marché sera mieux notée sur ce critère

- Historique du management : on notera ici la qualité, le sérieux, le respect des prévisions passées. Dont on peut se rendre compte en examinant l'historique des informations et prévisions fournies par la société étudiée.

- Diversification géographique : plus les débouchés à l'étranger ne sont importants, meilleure sera la note

- Diversification des débouchés : ici sera notée la diversification des produits et services commercialisés. Que ce soient des produits différents ou différentes gammes d'une même ligne de produit

- Croissance de l'activité N-5/N : on notera ici la croissance du chiffre d'affaires au cours des 5 derniers exercices. Tant la régularité de cette croissance que son taux. Une croissance régulière à deux chiffres chaque année ira chercher la note maximale.

- <u>Croissance estimée de l'activité N/N+5</u> : en fonction des plans de développement mis en place, en fonction des objectifs, on estimera la croissance du chiffre d'affaires pour les 5 années à venir.

- <u>Structure fondamentale</u> : on notera ici d'une part le niveau des marges (marge d'exploitation, marge nette essentiellement) par rapport à la concurrence, et aussi si la structure est pyramidale (résultat net augmentant plus vite que le résultat d'exploitation augmentant plus vite que le chiffre d'affaires)

- <u>Politique de dividende</u> : on notera le niveau et la récurrence du dividende... ou son absence. Il est stupide de penser qu'une société en développement ne doit pas distribuer de dividende. Quel que soit le développement d'une société, s'il lui reste du cash dans la caisse, c'est un gage de respect de l'actionnaire que de lui faire revenir une partie de ce cash.

- <u>Structure financière</u> : on s'intéressera au niveau de la dette mais aussi à la trésorerie ainsi qu'à l'évolution des capitaux propres.

- <u>Maîtrise de l'endettement</u> : on notera l'évolution de la dette par rapport à la croissance et/ou à l'activité, ainsi que la capacité de l'entreprise de faire face à ses dettes

- <u>Détention d'actifs à forte valorisation</u> : on notera la possession par la société de filiales ou d'autres actifs (immeubles par exemple) fortement valorisables s'ils venaient à être détachés ou cédés.

- <u>Part de rêve véhiculée</u> : ce critère atypique et subjectif est crucial en bourse. Il permet de noter les espoirs et les rêves que le marché place en une entreprise ou peut y placer en fonction de la réussite à venir. Des produits très innovants ou des secteurs comme les technologies médicales font par exemple rêver les investisseurs

- <u>Qualité de la communication financière</u> : on appréciera la précision, la régularité et la transparence de la communication, en particulier financière de l'entreprise.

Chacun de ces 15 critères est noté de 0 à 5 en note entière.

On obtient au final une note sur 75 que l'on divise alors par 15. En arrondissant à la décimale supérieure, on obtiendra une notation sur 5.

Toute note inférieure à 2.5 est une note médiocre qui nécessite des ajustements d'ampleur dans le management et/ou dans la stratégie.

Une note de 3.0 est une bonne note.

Une note de 3.5 est une très bonne note

Une note de 4.0 est une excellente note

Plus la note est élevée, plus un PER* ou un ratio VE/REX* élevé se justifie.

Pour un secteur « normal » (SSII, industrie, services, etc.), la correspondance entre notation et PER normatif est la suivante :

NOTATION 2.5 = PER 10

NOTATION 3 = PER 13

NOTATION 3.5 = PER 16

NOTATION 4 = PER 19

NOTATION 4.5 = PER 22

NOTATION >4.8 = PER > 25

Le PER retenu sera celui (estimatif) de l'exercice en cours.

17

L'ANALYSE GRAPHIQUE (OU CHARTISTE) : PRINCIPES GÉNÉRAUX

Les fondamentaux d'une entreprise demeureront toujours la cause essentielle de la hausse ou de la baisse de cette entreprise en Bourse, sur une longue période.

Ceci dit, à plus court terme, les traders qui animent les salles de marchés regardent de moins en moins les fondamentaux et se penchent sur d'autres méthodes d'analyse du cours des actions, issues des mathématiques, des statistiques et de l'informatique. Ces différentes méthodes sont regroupées sous l'expression « analyse technique », ou « graphique » ou « chartiste ».

Faire de l'analyse graphique revient à considérer que le marché est porteur de toute l'information nécessaire pour anticiper ses évolutions futures. Le cours des actions possède une mémoire et les

évolutions à venir dépendent des évolutions passées. Voilà le principe de base à bien retenir. Qui revient d'ailleurs à considérer que le marché a toujours raison.

L'analyse graphique permet de mettre en évidence les comportements psycho-sociologiques de la communauté des investisseurs :

- Comportements de panique :
Augmentation quotidienne des volumes d'échange avec baisse des cours ;

- Comportements d'espoir :
Augmentation des volumes avec hausse des cours ;

- Comportements d'attentisme :
Faiblesse des volumes avec variation aléatoire des cours.

A partir de ces 3 notions, on peut déjà utiliser l'analyse technique. Il ne faut surtout pas en faire un dogme car celui-ci serait trompeur. Ainsi, en 2003 et en 2009, lorsque le CAC40 était très bas, vers les 2 500 points, la plupart des chartistes prédisaient que le CAC 40 baisserait vers 1 700 points. Cela en raison d'une certaine tendance qu'ont les chartistes de prolonger les courbes à l'infini : si ça baisse, ça baissera toujours et si ça monte, ça montera toujours.

Aujourd'hui, l'analyse chartiste devient en elle-même tout un univers qui nécessiterait d'y consacrer plusieurs volumes d'un livre qui ne se terminerait pas, tant les méthodes changent, s'étoffent, et progressent d'année en année. Les traders, je le répète, privilégient largement cet outil à l'analyse fondamentale.

Encore une fois, si vous vous sentez réfractaire à ce type de méthode, surtout ne pratiquez pas le trading.

Il y a deux grands versants de l'analyse graphique : l'étude des figures et l'étude des indicateurs.

Etudier une figure revient à observer comment les cours de bourse se sont comportés dans le passé, et à partir de là, à anticiper la manière dont ils vont se comporter dans le futur. La culture japonaise est remplie d'études de figures et c'est d'ailleurs pour cela que la plupart portent des noms japonais.

Etudier un indicateur revient à quelque chose de plus mathématique, de plus scientifique, plus rigoureux que l'étude d'une figure qui pourrait presque relever du domaine artistique ! Un indicateur est une formule mathématique, souvent complexe, qui permet de prédire ou du moins de tenter de prédire la suite grâce aux orientations prises par cet indicateur.

Les deux chapitres suivants seront consacrés, le premier aux figures, et le deuxième aux indicateurs.

18

L'ANALYSE CHARTISTE : LES FIGURES

Observer une figure, c'est observer le comportement des cours de bourse passés d'une action ou d'un indice dans son ensemble, sur une période de temps assez longue, et c'est surtout observer ce qui est mis en évidence.

Les figures chartistes sont difficilement repérables avant qu'elles ne se réalisent. Cependant l'utilisation importante du chartisme par la communauté des traders leur donnent un certain pouvoir d'autoréalisation. **Il est donc nécessaire aujourd'hui de tenir compte de l'apparition de telles figures lorsque l'on fait du trading ou même du boursicotage. Et il faut être capable de les repérer au premier coup d'œil.**

Il existe des figures plus fantaisistes et insaisissables les unes que les autres, mais nous allons ici nous contenter de la base importante à connaitre. Vous trouverez des figures chartistes bien plus abondantes sur de nombreux sites internet, y compris en consultation gratuite, comme par exemple Andlil.com qui a d'ailleurs largement inspiré les descriptions qui suivent.

Nous allons nous limiter ici aux canaux de tendance, aux triangles, aux doubles top/double bottom, et aux diamants, qui constituent **des figures de base que tout boursicoteur doit connaitre, que tout trader doit repérer au premier coup d'œil et qui peuvent même aider un rentier à optimiser ses cours d'achat sur ses valeurs de rendement. Tous les styles précédemment énumérés sont ici concernés, même la gestion déléguée : en effet si vous observez un indice sur le très long terme il vaut mieux dire à votre banquier que vous voulez rentrer dans un fonds lorsque le marché est sur un creux que lorsqu'il est sur un pic !**

Les canaux de tendance

On distingue deux types de canaux de tendance : le canal ascendant et le canal descendant. Le canal de tendance est formé par une droite de support et une droite de résistance parallèles.

La droite de résistance est liée aux hausses du cours tandis que la droite de support est liée aux baisses du cours. Plus les droites de résistance et de support sont touchées par le cours, sans jamais être franchies, plus elles sont renforcées.

Et si elles sont franchies, on peut soit avoir alors une sortie du canal de tendance et donc une invalidation de ce dernier, soit au contraire, si le canal est réintégré, une validation de celui-ci après qu'il ait été éprouvé.

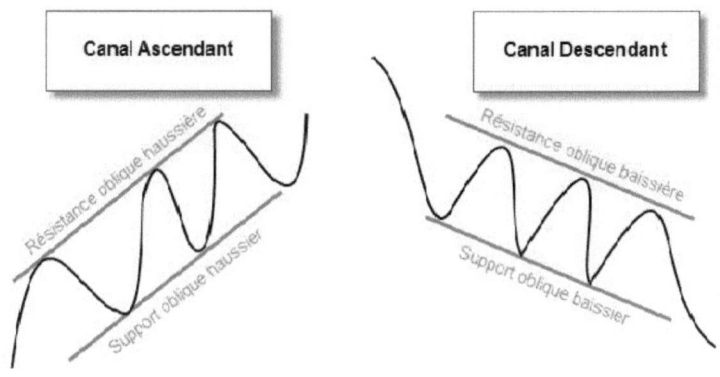

L'utilisation d'un canal de tendance est intuitive : on acheta au niveau de la droite de support et on vend au niveau de la droite de résistance. On peut également vendre à découvert au niveau de la droite de résistance et racheter au niveau de la droite de support quand on pratique la vente à découvert (non recommandée)

Il arrive fréquemment qu'un cours de bourse ne soit pas inclus dans un canal de tendance mais dans deux voire plus. Dans ce cas, il y a forcément à un moment une confrontation de ces canaux de tendance. Il peut par exemple y avoir un canal haussier de long terme et un canal baissier de court terme.

Prenons l'exemple de l'action Saint-Gobain sur un an (graphique à mi-septembre 2019) :

On observe clairement sur ce graphique un canal haussier de long terme et un canal baissier de court terme Le titre a d'ailleurs rebondi, début septembre, sur le support de l'un et l'autre des canaux qui se sont alors croisés. Il demeure inclus dans les deux canaux à mi-septembre mais devra choisir sa voie par la suite car le support du canal haussier arrive désormais au-dessus du support du canal baissier. Il est clair qu'il y avait un vrai signal d'achat au niveau de la flèche.

Les triangles

Le triangle est un graphique qui montre des variations d'un titre ou indice sous une forme de triangle. On distingue les triangles ascendants, les triangles descendants, et les triangles symétriques.

180

Le triangle ascendant traduit la continuation de la hausse d'un cours. C'est à partir d'un support haussier et d'une résistance horizontale que l'on matérialise le triangle ascendant. Généralement, les volumes sont faibles lors de l'apparition d'un triangle ascendant et atteignent un niveau élevé lorsque la résistance horizontale est percée. C'est lorsque les cours sortent du triangle par le haut que le signal d'achat est donné. Avec comme objectif la parallèle au support ascendant.

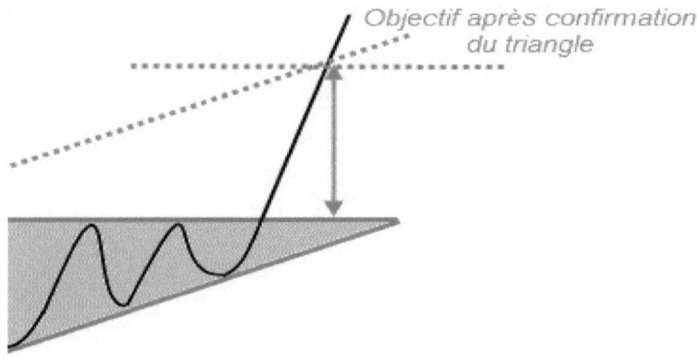

Le triangle descendant, c'est exactement l'inverse :

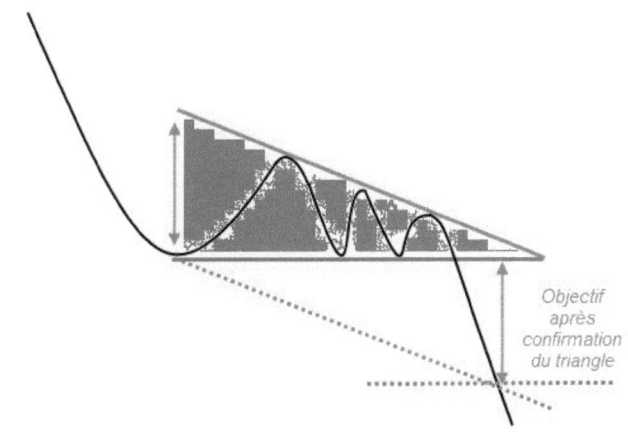

Quant au triangle symétrique, il est beaucoup plus rare, plus difficile à interpréter et peut occasionner une sortie par le haut ou par le bas.

Les diamants

Un diamant est une figure chartiste de retournement de tendance. Elle est composée de deux triangles, symétriques, qui se suivent. C'est la forme de losange de ces deux triangles juxtaposés qui donne son nom de diamant à cette figure.

Les diamants de sommet, souvent précédés d'une tendance haussière, annoncent la fin de cette tendance et le retournement à la baisse.

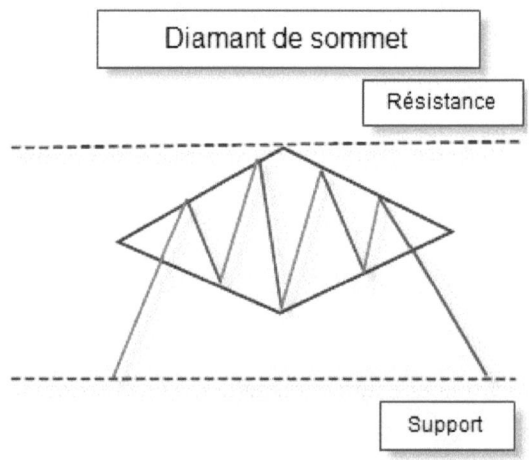

Les diamants de creux, plus rares (20% des diamants contre 80% pour les diamants de sommet) annoncent une très probable forte hausse des cours en cas de sortie du diamant.

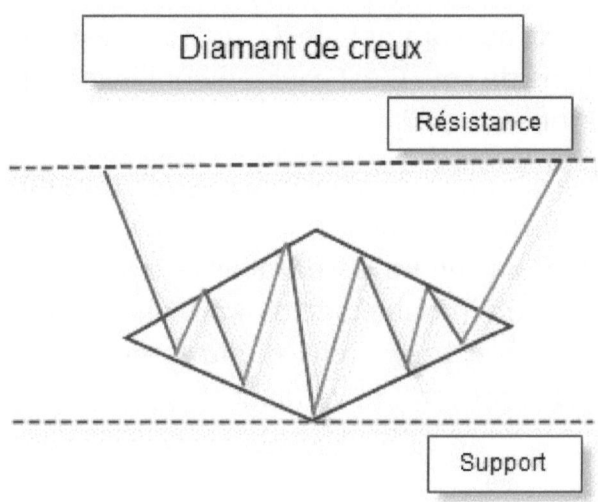

Les double top et double bottom

Les double top et double bottom, qu'on nomme aussi respectivement les M et les W (par comparaison aux lettres de l'alphabet auxquelles ces figures ressemblent), sont des bases importantes de l'analyse graphique, que ce soit sur une très courte ou sur une très longue période.

Un double bottom, tout comme le double top, est une figure chartiste qui annonce un retournement de tendance. En général, un double bottom se créé dans le cadre d'une tendance baissière et marque donc sa fin ainsi qu'un retour du mouvement haussier. C'est l'inverse pour le double top.

Un double bottom est matérialisé par deux creux (relativement identiques), butant l'un après l'autre sur une droite de support horizontale. Un plus haut va se former grâce au sommet de la figure. C'est ce qui forme la ligne de cou. C'est exactement l'inverse pour le double top.

De manière générale, on constate des volumes faibles durant la formation de la figure. Néanmoins ces derniers sont en général assez faibles sur le deuxième creux de la figure (double bottom) ou sur le deuxième sommet (double top). Cela montre en effet que l'intensité du mouvement vendeur s'affaiblit.

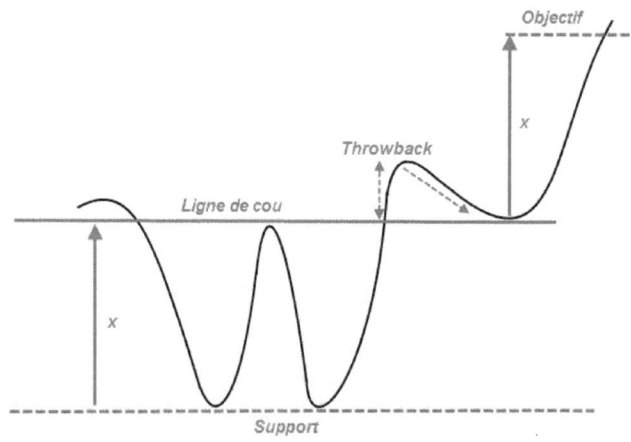

L'achat va consister à profiter du retournement haussier.

L'objectif, une fois la cassure de la résistance réalisée, est égal à la hauteur maximale de la figure partant du support jusqu'à la ligne de cou.

Une première option consiste à attendre la cassure de la résistance pour acheter, tandis qu'une autre option, plus risquée, consiste à acheter au niveau du support, lorsque le second creux l'atteint. Toutefois, c'est une technique plus risquée, car la figure n'est alors pas encore validée. Il faut alors l'anticiper et prendre ses risques, mais ne pas hésiter à couper ses pertes s'il y en a rapidement.

L'apparition d'un Throwback (retour sur la résistance, alors devenue support) est fréquente après ce type de figure. Cela ne remet pas en cause la validité du double bottom mais peut constituer un niveau intéressant pour passer à l'achat.

Sur le double top c'est exactement l'inverse. Les double top servent souvent de signaux pour vendre. **Au niveau du CAC 40, l'observation un double top permet de se dire qu'il faut alléger son portefeuille**.

Pour illustrer tous ces développements théoriques, voici un exemple concret sur le CAC 40, qui se situe fin 2017/début 2018, et qui montre un enchainement de double top et double bottom. On voit que dans la réalité, les choses sont diagnosticables mais ne se font exactement comme dans la théorie.

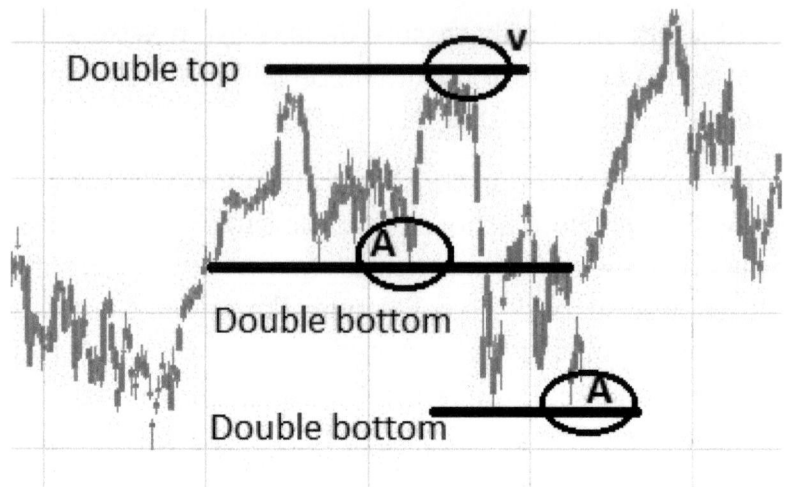

On voit clairement les zones d'achat (A) sur la matérialisation d'un double bottom et de vente (V) sur la matérialisation d'un double top.

19

L'ANALYSE CHARTISTE : LES INDICATEURS

Tandis que l'étude des figures relève du coup d'œil, celle des indicateurs a quelque chose de beaucoup plus rationnel. Les indicateurs sont des outils mathématico-statistiques, dont le trader ou même le boursicoteur n'a pas à se préoccuper de la formule mathématique (heureusement !) mais qu'il doit savoir utiliser pour optimiser ses achats et ventes. Concernant le rentier, autant l'étude des figures peut lui apporter un plus significatif, autant les indicateurs ne le concerneront pas, quitte au contraire à l'embrouiller.

LE RSI

Le RSI est un indicateur de type oscillateur, compris entre 0 et 100. En fait entre 0% et 100%. C'est un indicateur technique très simple, que vous trouverez sur tous les sites de bourse en paramétrant vos graphiques. Je n'entrerai pas dans les détails mathématiques de son calcul, mais il faut savoir qu'on considère qu'en dessous de 25, le titre étudié est survendu, autrement dit qu'il y a trop de vendeurs et qu'il devrait rebondir (c'est le moment d'acheter). Inversement, au-dessus de 75 il est suracheté et il y a trop d'acheteurs. Il faut donc vendre.

Lorsque l'on fait une étude dynamique du graphique d'une action, il est intéressant de placer le RSI en dessous du graphique et d'observer les tendances en parallèle. Le RSI, comme le cours de bourse, peut avoir un support horizontal, sur lequel il a précédemment rebondi à de nombreuses reprises.

Il peut être très intéressant de passer à l'achat sur un titre qui arrive sur un support (canal de tendance par exemple) tandis qu'en parallèle le RSI s'approche de la zone de survente (sous les 25%). L'exemple suivant concerne le titre Imerys. Un important signal d'achat a été donné par le graphique suivant où on observe bien un RSI (en bas du graphique) et un canal de tendance (en haut) donnant tous deux le même signal acheteur :

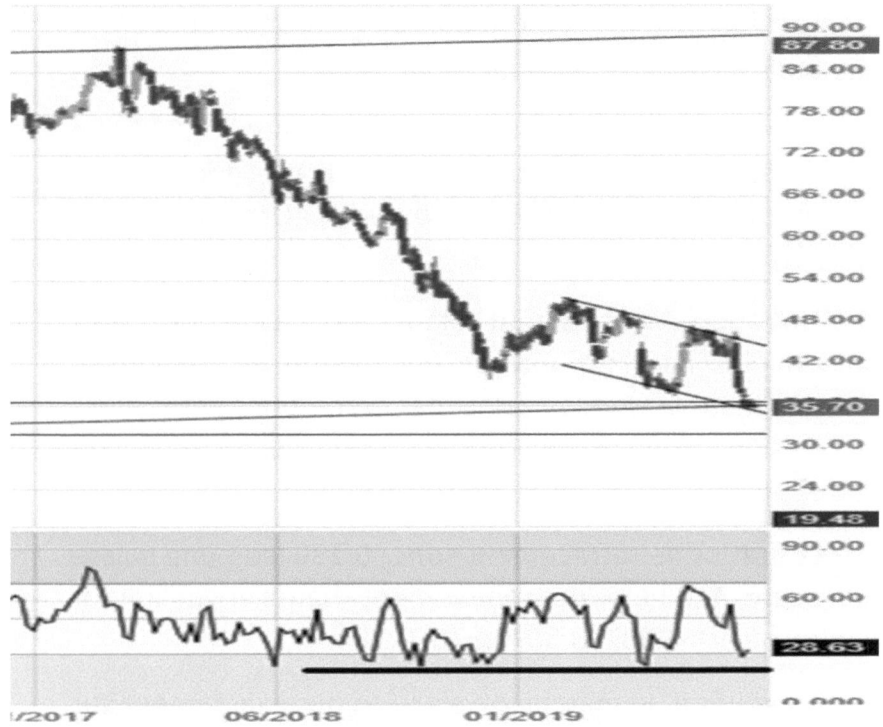

Les ratios de Fibonnacci

Les ratios de Fibonacci se réfèrent à une série de chiffres (1,2,3,5,8,13,21,34,55,89,144,…) censés décrire les proportions naturelles de l'univers. Or la bourse faisant partie de l'univers, les analystes graphiques, et en particulier les fans des vagues d'Eliott (eliottistes) les ont intégrés à leurs théories.

Les ratios s'obtiennent en divisant un nombre par le nombre suivant.

Par exemple 1/2 = 50% puis 2/3 = 66.6% puis 3/5 = 60%

Après 89, on obtient systématiquement 0.618. En divisant un nombre par le nombre précédent, nous obtenons aussi 1.618 (après 144). Ces ratios font référence au nombre d'or.

Un ratio de retracement est un ratio qui indique, après un plus haut atteint sur une action ou un indice, jusqu'où le mouvement de correction peut aller. Désignant ainsi un support. Il y aura autant de supports que de ratios de retracement.

Les ratios de retracement sont : 0.236 (soit une baisse égale à 23.6% du mouvement haussier qu'il faut retracer), 0.382, 0.50, 0.618, 0.764.

En général, le marché ne s'arrête pas exactement sur ces ratios mais autour.

Les ratios d'extension indiquent quant à eux, après un plus haut ou un plus bas historique, jusqu'où le mouvement pourrait aller.

Ces ratios sont : 0, 0.382, 0.618, 1.0, 1.382, 1.618, 2

Il sera très important à chaque utilisation de préciser les cours pivots, c'est-à-dire les plus hauts ou les plus bas à partir desquels on fait l'analyse. Donc quelle vague haussière ou baissière on traitera.

A titre d'exemple, prenons le cours du pétrole (Brent) qui montre un parfait exemple d'utilisation.

Après avoir touché un plus bas à 27.1$ le 22 janvier 2016, il a touché un plus haut à 88.86$ en septembre 2018. Cela correspond à 61.76$ de hausse. Le pétrole a subi une vraie phase de correction fin 2018. Les 50% de Fibonnacci ont été enfoncés... Alors le ratio suivant était à 61.8%. Or 61.8% de 61.76$ de hausse, cela fait 38.16$ de baisse, soit un support à 88.86 − 38.16 = 50.7$

C'est exactement le niveau qui a été touché et sur lequel le pétrole a rebondi.

TOUT LE MONDE PEUT S'ENRICHIR EN BOURSE

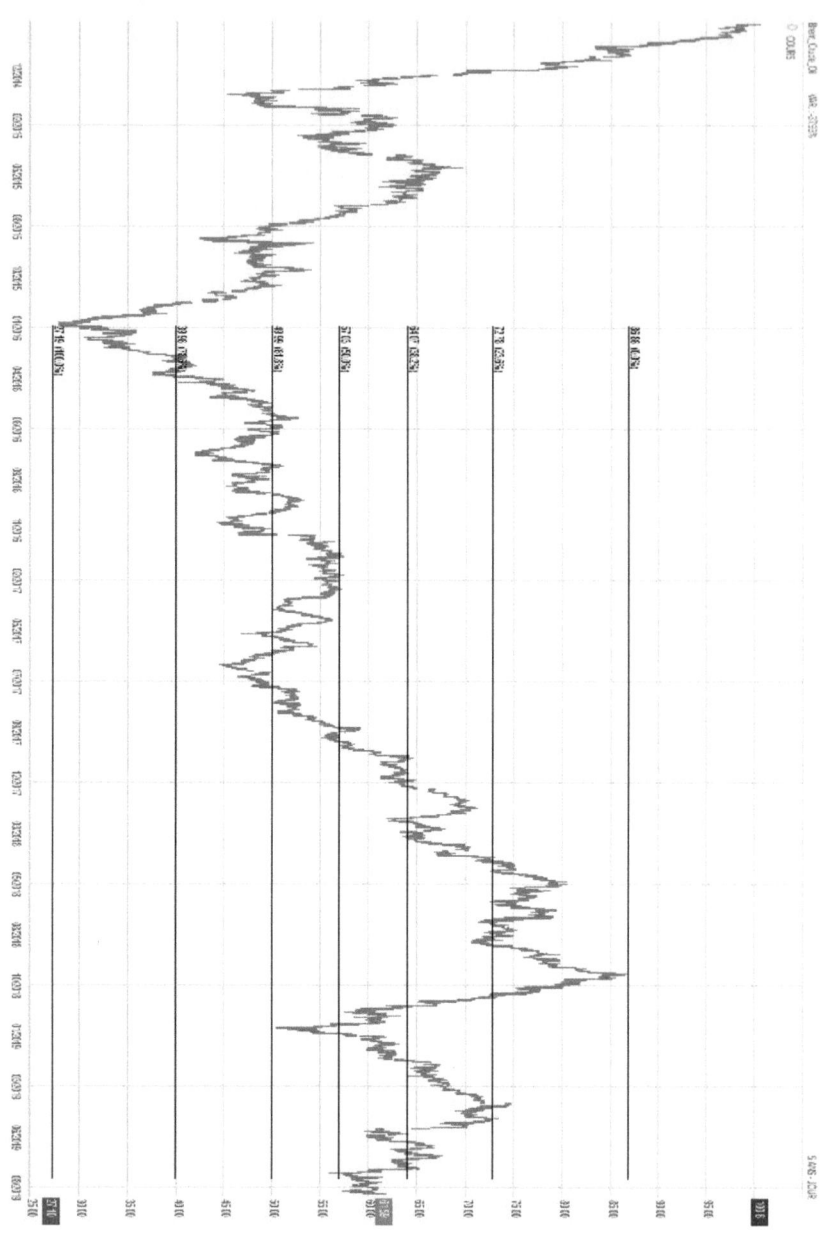

192

On ne peut jamais savoir si le ratio sur lequel se pose un titre ou un indice sera le bon. Mais on peut tenter un achat sur le niveau correspondant à ce support de Fibonnacci, et ensuite vendre à perte si le support en question est enfoncé, pour racheter sur le support suivant.

Comme je vous l'ai expliqué dans la partie précédente, il ne faut jamais avoir peur de faire des pertes quand on fait du trading ou du boursicotage.

Le Momentum

Le Momentum est un indicateur célèbre de l'analyse technique. C'est un oscillateur. Il permet de mesurer la rapidité d'évolution des cours pour une période de temps donnée. Le Momentum se calcule avec une simple soustraction pour chaque séance :

Momentum = Clôture du cours du jour - Clôture de la période n choisie

Imaginons que l'on utilise une période de 12 jours pour le calcul de notre Momentum. Nous voulons calculer le Momentum de notre valeur pour le 22 octobre où le cours de l'action est de 20 euros. Le 10 octobre, ce cours était de 16 euros.

Le calcul est alors : 20 - 16 = 4 Le Momentum est alors de 4.

On peut se servir du Momentum comme un outil de suivi de tendance. On se positionne alors à l'achat au moment où le Momentum est très faible et se retourne à la hausse. À l'inverse, on devra vendre au moment où le Momentum reflète un pic et repart à la baisse. On peut aussi se servir de la valeur 0 du Momentum comme une valeur signal. Agissant ainsi, on interprète le croisement par le bas de la ligne 0 comme un signal d'achat et le croisement par le haut de la ligne 0 comme un signal de vente.

Les moyennes mobiles

En mathématique, on définit les moyennes mobiles comme une moyenne statistique que l'on utilise pour l'analyse d'une série de données dans un temps donné. On supprime les fluctuations transitoires de façon à définir une tendance globale.

Pour ce qui est du cours d'une action ou d'un indice, la moyenne mobile à 20 jours signifie qu'on fait la moyenne des 20 derniers jours, et on voit comment elle évolue. Si elle est haussière, il faudra alors surveiller le moment où le cours de l'action (ou indice) se met à baisser et passera en-dessous. On dit alors que la MM20 est cassée à la baisse, ce qui donne un signal négatif pour la suite.

Les moyennes mobiles les plus fréquemment utilisées sont les MM7, MM20, MM50, MM100, MM200. Plus on utilise des MM longues, plus on s'intéressera au long terme.

À l'inverse, sur une action qui baisse, la MM est alors baissière et tout passage au-dessus est un signal d'achat.

Cet outil est largement utilisé, mais sa fiabilité n'est que relative, car il existe autant de moyennes mobiles que l'on souhaite, puisqu'on peut en calculer à la minute (très utile pour les scalpers).

On peut aussi confronter les moyennes mobiles entre elles. Le plus souvent, on confronte la MM20 et la MM50. Quand la MM20 vient couper la MM50 pour dépasser cette dernière, le cours entame un cycle de hausse. À l'inverse, lorsque la MM20 passe en dessous de la MM50, une période de baisse s'annonce.

LE VIX

Le VIX n'est pas tant un indicateur à appliquer au cours d'une action qu'au marché dans son ensemble. C'est un indicateur très utile qui permet de se rendre compte de l'ambiance et de l'incertitude.

Même ceux qui pratiquent de l'analyse fondamentale peuvent l'utiliser car on sait que la bourse déteste l'incertitude. Or le VIX donne l'état de cette incertitude globale. Et on sait qu'en période d'incertitude, les ratios de valorisation sont plus bas.

L'indicateur VIX, mis à jour en 1993 par le CBOE (Chicago Board Options Exchange), mesure la volatilité du marché financier américain en se basant sur le S&P 500. Il est calculé tous les jours par le CBOE. Cet indicateur rencontre un fort succès aux USA, où il est même possible de le trader.

Les anglo-saxons appellent le VIX " the fear index", où indice de la peur en français. Sa mesure de la volatilité se traduit en fait par une mesure de la nervosité des marchés. En effet, s'il est à la base développée comme un indicateur, on peut maintenant parler d'un indice à part entière.

Le VIX est coté en points de pourcentage. Il est censé traduire approximativement les variations du S&P 500 sur une période de 30 jours à venir, qui est ensuite annualisée.

En analysant l'historique du VIX, on peut déceler que :

- Un niveau du VIX, compris entre 10 et 15 signifie que le marché évolue dans un climat de confiance avec une faible volatilité. Il donc normalement haussier.

- Un niveau du VIX entre 20 et 30 signifie que le marché est volatile (nerveux), mais il peut être haussier.

- Un niveau du VIX au-dessus de 30 indique une très forte volatilité et donc une très forte incertitude. On assiste certainement à une forte chute des cours ou même à une crise majeure.

Le plus important avec cet Indice, ce n'est pas le niveau auquel il est, mais sa variation. Ce sont bien les variations qui nous indiquent l'évolution du moral des intervenants sur le marché : quand ils sont pessimistes, le VIX monte et quand ils sont optimistes, le VIX baisse.

20

COMBINER ANALYSE FONDAMENTALE ET GRAPHIQUE

Bien souvent, du moins quand le marché est efficient, le graphique est le reflet de la progression d'une entreprise. Si une entreprise progresse régulièrement, au niveau de son chiffre d'affaires, de ses bénéfices, alors il y aura un beau canal haussier qui s'installera dans la durée et viendra appuyer par un graphe une réalité économique solide.

Prenons un exemple : celui de Walt Disney. Une société qui a bien remonté la pente depuis 2014 et a accéléré son développement et sa domination sur le cinéma mondial (rachat de Lucas Films puis de Marvel puis de la 20th Century Fox).

Les bénéfices ont été au rendez-vous et le graphique est éloquent : il traduit totalement cet état de fait. Tous les objectifs graphiques ont été dépassés en

2019 car les succès au cinéma ont dépassé aux-mêmes tous les objectifs. Disney a en effet placé en 2019 deux films dans le TOP 10 du box-office de tous les temps (Endgame et Le Roi Lion) !

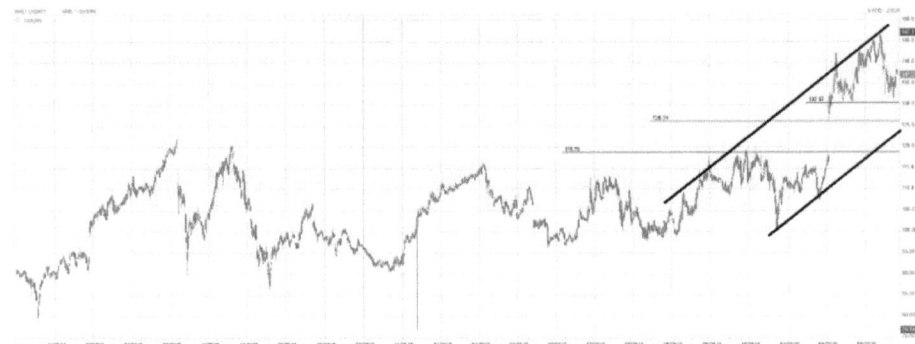

Lorsqu'un objectif fondamental dépasse un objectif graphique c'est bon signe ; c'est le signe que les baissiers ne prendront pas le dessus. Inversement, si un objectif graphique dépasse un objectif fondamental, c'est plutôt mauvais signe, car cela préfigure d'une sortie du canal haussier par le bas et donc d'un changement de tendance. Et lorsque changement de tendance il y a, c'est la porte ouverte à une baisse irrationnelle qui pourrait alors être provisoirement déconnectée des fondamentaux.

Nous venons de nous intéresser au cas d'une entreprise qui se porte bien. À l'inverse, une entreprise qui va mal verra son titre inscrit dans un canal baissier. Seulement, à un moment donné, un canal baissier va inéluctablement à 0 si on le prolonge dans un temps éloigné… Or, un cours de bourse égal à zéro signifierait faillite.

Il est donc très intéressant de chercher des sociétés qui ne vont pas si mal, et dont le titre est baissier… Car à un moment il cessera de l'être vu qu'il sortira de sa tendance baissière.

Prenons l'exemple d'Engie. Le graphique en 2016 montrait un titre allant vers 0 donc une société allant à la faillite.

Le grand canal baissier en question perdait 2.2€ chaque année. Ce qui voulait dire qu'en 2013 il n'y aurait plus d'Engie si le canal se prolongeait. Évidemment, Engie est toujours là et le titre est, depuis, sorti de ce canal de tendance qui annonçait une faillite pourtant impossible fondamentalement.

Attention néanmoins à ne pas systématiser cette approche : certains graphiques sont baissiers car les entreprises en question vont très mal ! Dans de tels cas, une faillite n'est pas impossible. Et mieux vaudra donc éviter ces titres. La bourse c'est aussi une question de discernement.

Autre chose qu'il sera bon de savoir quand on boursicote sur du moyen terme : plus il est facile de trouver un canal de tendance précis sur une action, plus l'analyse graphique aura une forte importance prédictive forte. Une action qui a du mal à s'inscrire dans un canal ou un triangle ou un trading range sera une action peu suivie par les analystes chartistes mais plus par les fondamentalistes. À l'inverse, plus on peut trouver un canal précis avec des supports et résistances très clairs et nets, plus cela signifie que l'analyse graphique a un poids prédictif fort.

Prenons deux exemples antagonistes.

Tout d'abord le titre Nexans. Comme on le voit, le canal est assez précis, assez rigoureux, ce qui montre une belle importance de l'analyse graphique.

À l'inverse, sur Patrimoine et Commerce, une valeur beaucoup moins connue, on a beau tracer des droites dans tous les sens, supports, résistances, etc., il est difficile de trouver quelque chose de précis, qui ne voit pas de débordement du cours de bourse dans un sens ou dans l'autre.

On peut donc dire que l'analyse graphique sera plus utile sur Nexans que sur Patrimoine et Commerce.

Cela signifie aussi que les traders s'intéresseront bien plus à Nexans qu'à Patrimoine et Commerce. Ce qui est logique.

Enfin, pour clore ce sujet, l'indice VIX dont il a été question dans le chapitre précédent est lui aussi très utile pour combiner une approche fondamentale et une approche chartiste. **Lorsqu'il est élevé, les ratios de valorisation peuvent être globalement revus à la baisse. À l'inverse, lorsqu'il est bas, les ratios en question peuvent être revus à la hausse.**

21

LE CAS PARTICULIER DES SMALL CAPS (PME)

Ce chapitre n'intéressera pas les traders, mais uniquement les boursicoteurs qui sont en approche « value » et qui s'intéressent tout particulièrement aux PME qu'on appelle dans le jargon les **small caps**. C'est-à-dire les petites capitalisations boursières. Très adaptées à des approches de type « value ». D'ailleurs, sur ce cas particulier des small caps, on peut commencer à parler d'investissement plus que de boursicotage.

Qu'est-ce qu'une small cap ?

Il n'y a pas de seuil précis faisant dire qu'une entreprise cotée en bourse soit une petite, moyenne ou grande capitalisation boursière. Cependant, on s'accorde en général à considérer qu'en dessous de 250 millions d'euros de capitalisation boursière, on est devant une small-cap. Certains descendent ce seuil à

100 millions. Mais aux Etats-Unis c'est plutôt 1 milliard. En effet, sur les bourses américaines, il y a beaucoup plus que chez nous d'entreprises dépassant les 100 milliards de capitalisation (en France il n'y a que Total, Sanofi et LVMH), donc par effet de comparaison, le seuil en-dessous duquel on est dans le cadre d'une small-cap est plus élevé.

Où trouve-t-on les small-caps?

En France, on trouvera les small caps sur les marchés qui leur sont dédiés comme Access/Acces plus (ex marché libre) et Euronext Growth (ex Alternext). Cela dit, on trouve aussi sur ces marchés quelques plus grandes capitalisations mais elles sont rares. Ainsi sur Euronext Growth, il n'y a que 6 entreprises dépassant les 250 millions de capitalisation boursière. On trouve aussi des entreprises capitalisant moins de 250 millions sur l'Eurolist C, qui est un marché réglementé contrairement à ceux cités précédemment. Cela ne signifie pas que Access, Access Plus et Euronext Growth soient des marchés totalement anarchisés, mais leurs régles de fonctionnement et d'admission sont plus souples...

Pourquoi investir sur les small-caps?

Investir sur les small caps, c'est déjà investir loin du CAC 40. Donc loin de l'ambiance médiatique qui règne autour des grandes sociétés. C'est aussi investir dans le tissu des PME et des ETI cotées en bourse, donc participer, parfois, à de belles aventures entrepreneuriales. C'est aussi pour l'actionnaire individuel, le choix de titres où il peut y avoir un très fort effet de levier. Car parfois "petit deviendra grand". Prenons l'exemple de Synergie, qui est aujourd'hui le leader français du travail temporaire. Le titre Synergie valait 2.70€ en 2003 alors qu'il en vaut 30€ aujourd'hui et a même valu plus de 50€. En l'espace de 15 ans ce titre a été multiplié par 20 environ, car ce qui était alors une PME capitalisant moins de 100 millions d'euros est devenu aujourd'hui un leader, désormais côté (depuis janvier 2018) sur le compartiment A (la cour des grands). Investir sur une small cap, c'est donc parfois, quand on fait le bon choix, accompagner sa croissance, voire son entreprise grossir et corrélativement s'enrichir. Encore faut-il faire les bons choix !

Les dangers des small-caps

L'investissement sur les small caps est statistiquement celui qui présente le meilleur effet de levier. Si on prend un indice représentatif de cette catégorie, le CAC Mid&Small, il a gagné 200% depuis le début 2012 alors que le CAC 40 a gagné 62% sur la même période. Seulement, c'est aussi là qu'il y a le plus de risques. Car ces sociétés, si elles font les mauvais choix peuvent rapidement se retrouver à court de trésorerie et parfois couler. Ruinant la mise des actionnaires. Imaginez une petite société vendant des produits de luxe. Un mauvais choix peut lui être fatal, alors qu'un mauvais choix pour un géant comme LVMH sera dilué dans l'ensemble de l'activité. C'est pourquoi il convient de faire preuve d'une sélectivité extrême dans ses choix. Et qu'il convient de s'informer sur la santé des entreprises en question, et, point crucial, sur leurs dirigeants.

Le cas des microcaps

Les microcaps sont aux smallcaps ce que les penny-stocks sont aux actions !

Ce sont de toutes petites capitalisations, disons en-dessous de 10 millions d'euros. Il peut s'agir de sociétés en pré-faillite, autrement dit de sociétés dont la capitalisation boursière a fondu, a été divisé par 10 voire par 100 en raison d'énormes soucis.

Ce genre de valeurs sont à éviter par prudence car rares sont celles qui vont s'en sortir. Mais dans le cas général, les microcaps sont tout simplement de toutes petites entreprises, ayant parfois moins de 10 salariés et qui sont quand même cotées en bourse. On les trouve exclusivement sur Access. Par exemple citons Nature&Logis qui est un constructeur de maisons individuelles bioclimatiques, principalement implanté dans la Grand Ouest, et qui réalise dans les 4 millions d'euros de chiffre d'affaires.

On peut trouver des microcaps ailleurs que sur Access. Il s'agit dans ce cas d'entreprises en grande difficulté sur lesquelles seuls les plus avisés et les plus spéculateurs pourront investir.

Citons ainsi Toupargel. Qui est d'ailleurs aussi une **penny-stock** (titre cotant moins de 1€). Une action ne nait pas penny-stock, elle le devient ! Toupargel l'est devenue en raison de difficultés accumulées au fil des exercices. En septembre 2019 Toupargel vaut 0.6€ l'action soit une capitalisation boursière de 7 millions d'euros pour plus de 200 millions d'euros de chiffre d'affaires et plus de 2700 salariés. Une capitalisation digne d'une faillite proche !

Toupargel est actuellement en période d'observation. Elle en sortira soit par la liquidation (et dans ce cas ce sera la perte totale pour les actionnaires), soit par une recovery (restructuration). On est typiquement sur une action qui peut être multipliée par 10 ou qui peut aller à 0.

Je ne dis pas que ce titre est à tout prix à éviter mais il est à réserver aux plus audacieux, qui sont prêts à jouer « le ticket de loterie », avec tout de même des chances de gagner plus importantes que dans le cas de la loterie.

Toupargel n'est pas une small cap à la base, c'est plutôt une ETI (entreprise de taille intermédiaire), qui a vu sa capitalisation fondre en raison de difficultés.

Évidemment dans la catégorie des entreprises capitalisant moins de 10 millions d'euros, certaines vont grossir et valoir bien plus au bout de plusieurs années, mais cela n'est pas la règle mais plutôt l'exception. Ce genre de valeurs, très peu liquides par définition, nécessitent une énorme prudence de la part de l'actionnaire individuel et une très bonne connaissance du dossier, ce ne sont pas des titres sur lesquels investir au hasard.

Le carnet d'ordre : la clé de l'investissement sur les small caps

La question du carnet d'ordre ne se pose pas sur une valeur très liquide, comme une valeur du CAC 40 par exemple. Vu que plusieurs millions ou dizaines de millions d'euros sont échangés chaque jour, votre influence sur le marché lorsque vous passez un ordre d'achat ou de vente sera négligeable. Ainsi vous pourrez acheter ou vendre en passant un ordre au marché au moment qu'il vous semblera opportun.

En revanche, sur des PME, sur des valeurs d'appoint, sur des titres généralement peu liquides, c'est-à-dire dont les échanges quotidiens ne dépassent pas quelques dizaines de milliers d'euros, tout ordre d'achat ou de vente que vous passerez pourra avoir une incidence sur le marché. Incidence qu'il conviendra de limiter en travaillant le carnet d'ordres.

De plus il faut partir de l'idée qu'une valeur peu liquide ne se trade pas. On y investit de l'argent pour un certain temps. Pour avoir des lignes complémentaires donnant de la stabilité ou un grain de folie à un portefeuille et/ou pour avoir une ligne que l'on peut revendre au pied levé.

La faible notoriété, nécessaire pour avoir une faible volatilité, implique alors quelques astuces pour acheter ou vendre ce type de valeurs :

-Pour acheter : on passera impérativement un ordre à cours limité. Jamais un ordre au marché. Pour cela on regardera le carnet d'ordres et prenant soin de ne pas dépasser un certain nombre de titres. Et l'on mettra le temps qu'il faut mettre...

Par exemple, prenons le titre CNIM (au 5 mai 2016) :

Ordres	Qte.	Achat	Vente	Qte.	Ordres
2	338	98.00	98.10	22	1
1	9	97.75	98.20	10	1
1	5	97.70	98.28	11	1
1	6	97.66	98.29	10	1
1	19	97.65	98.30	10	1
1	20	97.50	98.40	60	1
1	40	97.16	99.00	130	2
11	702	**TOTAL**	**TOTAL**	363	11

Pour se positionner sur ce titre, on pourra par exemple passer un ordre d'achat de 30 titres à un cours de 98.20€. Ainsi, on achètera 22 titres à 98.10 et 8 titres à 98.20.

On n'hésitera pas à fractionner sa ligne en deux ou trois ordres successifs étalés sur quelques séances s'il le faut. Et tant pis pour les frais de bourse que vous pourrez d'ailleurs négocier en amont avec votre intermédiaire en lui expliquant votre problématique.

Il ne faudra en aucun cas faire monter le titre artificiellement.

Pour vendre, de la même manière on regardera et on travaillera le carnet d'ordres. On ne passera pas d'ordre de vente au marché. On se positionnera en fonction de ce qu'il y a en face.

Dans l'exemple ci-dessus, pour vendre 30 titres par exemple, on mettra un ordre de vente des 30 titres à 98€. Mais on peut aussi le mettre à 98.05€ et laisser venir… Quitte à rabaisser le prix de vente si « aucun poisson ne mord à l'hameçon ».

Dans tous les cas de figure, travailler en direct le carnet d'ordres évitera de placer des stops de protection qui sont non seulement inutiles mais bien souvent néfastes.

Si on ne veut pas passer par le marché ou que celui-ci ne permet pas l'absorption de vos titres, vous n'hésiterez pas à prendre votre téléphone et à demander à joindre le PDG ou le DG en précisant que vous avez un lot de titres à céder. Vous aurez en général une écoute bien différente de celle que vous pourriez avoir sur une société à forte notoriété.

Les effets de seuil : un complément utile pour investir sur les small-caps

Sachez que ce sont essentiellement les fonds qui font et défont les marchés. Fonds de pension, fonds de retraite, fonds d'assurance-vie, fonds français, fonds américains, fonds asiatiques, etc.

Or un fond, animé par un gérant de fonds ou une équipe de gérants de fonds, ne fonctionne pas comme un particulier. En tant que particulier, vous avez souplesse et liberté dans vos choix d'actions. Un fond a un cahier des charges à respecter.

A partir du moment où vous avez compris cela, vous avez déjà fait un grand pas : **un fond a un avantage sur vous, celui de pouvoir faire et défaire le marché ; mais vous avez un avantage sur lui : vous avez pour vous la souplesse et la flexibilité, qui vous permettra d'anticiper les décisions des fonds !**

Mais comment donc anticiper les décisions d'investissement des gérants de fonds ? Par exemple en exploitant les fameux effets de seuils. Qui vont surtout concerner les small caps.

Pour avoir rencontré de nombreux gérants de fonds, plusieurs m'ont indiqué que dans leur cahier des charges, ils n'ont pas le droit d'investir dans une société capitalisant moins de 1 milliard d'euros. Pour d'autres, ce seuil sera de 100 millions. Tandis que d'autres encore n'ont pas droit d'avoir en portefeuille des penny-stocks, c'est-à-dire des actions valant moins de 1€ (car ça fait mauvais effet...). Enfin, la quasi-totalité des fonds s'interdit d'investir sur Access. Ce qui, de ce fait, réserve Access aux particuliers ou aux petits **family-office** (sorte de mini fonds non institutionnel gérant quelques millions d'euros appartenant à un individu, une famille ou quelques individus regroupés par exemple sous forme de société). C'est pour cela qu'Access est un marché en général très peu liquide. Certaines actions restent plusieurs semaines sans cotation.

Revenons donc aux effets de seuil.

Bien sûr il existe d'autres seuils que ceux cités ci-dessus, mais retenez bien ceux-là car ils vous seront indispensables :

- **1€ de cours de bourse**
- **100M€ de capitalisation boursière**
- **1 milliard de capitalisation boursière.**

Cela veut dire que lorsqu'une action franchit à la hausse ou à la baisse un de ces seuils, il y a de grandes chances que le mouvement soit prolongé.

Par exemple, quand le titre Reworld est sorti de son statut de penny-stock, dépassant les 1€, il y a eu une accélération haussière car des fonds n'ayant pas l'autorisation d'avoir des penny-stocks en portefeuille ont alors pu en acheter. Ce genre d'effets, surtout sur les penny-stocks, peuvent être intéressants pour jouer des mouvements de court terme.

Bien souvent, ces seuils fondamentaux ne correspondent pas forcément à des supports ou résistances graphiques. Ni à des ratios financiers spécifiques. Mais le particulier averti, dont vous faites désormais partie, pourra les exploiter.

En parallèle de cet ouvrage général, j'ai consacré un livre entier aux small-caps qui sont une des grandes spécialités de Francebourse.com depuis sa création.

Voici le lien et le QR CODE qui vous envoient vers cet ouvrage :

https://jdheditions.fr/produit/small-caps/

S'ENRICHIR À LA BAISSE

Jusque-là, nous avons surtout considéré que pour s'enrichir en bourse il convenait d'acheter. Mais la bourse, ce n'est pas seulement des marchés qui montent. C'est aussi des marchés qui baissent. On a coutume de désigner les haussiers par les taureaux et les baissiers par les ours. Car le taureau, quand il se bat, pousse vers le haut avec ses cornes tandis que l'ours, qui se met volontiers en position de bipède, tape vers le bas, avec ses pattes. On dit que la bourse est un combat perpétuel entre les taureaux et les ours. Et que pour gagner régulièrement, il ne faut pas être partisan de l'un ou de l'autre mais savoir flairer le sens du vent, et s'adapter. Car on peut gagner à la hausse comme à la baisse, il ne faut pas l'oublier.

Quand le marché baisse, on peut juste tenter de protéger partiellement ses portefeuilles en achetant des trackers BX4 (voir chapitre 4). Mais on peut aussi aller beaucoup plus loin et essayer de vraiment jouer la baisse.

Avant d'entrer dans les détails des différentes manières de s'enrichir à la baisse, il faut être capable de prévoir quand un marché va baisser. Cela n'est pas chose aisée.

22

QUI EST CONCERNÉ PAR LA BAISSE ?

Toute personne, morale ou physique, qui intervient en bourse, est évidemment concernée par la baisse des marchés. Car pendant une phase de baisse, on voit immanquablement son portefeuille baisser. C'est évident. Mais tout le monde ne sera pas concerné de la même façon par la baisse. Il y a ceux qui tenteront juste de protéger leur portefeuille, ceux qui vendront pour être « liquides » au moment de la baisse, et enfin ceux qui essayeront de profiter de la baisse en prenant des positions pouvant leur permettre de s'enrichir pendant la baisse.

Si nous reprenons nos quatre profils : gestion déléguée, rentiers, boursicoteurs, traders... Qui est le plus concerné par la baisse ?

Les traders, oui, évidemment... Le trader doit être

capable de prévoir les mouvements de hausse et de baisse à court terme grâce aux graphiques.

Les boursicoteurs, oui, aussi, car un boursicoteur qui sent le sens du vent pourra lisser son profil de gains bien plus qu'un boursicoteur qui est purement haussier.

Les rentiers seront nettement moins concernés. Sinon par le fait que la baisse amène son lot de valeurs de haut rendement.

Enfin, ceux qui pratiquent la gestion déléguée seront finalement assez concernés par les marchés baissiers car il y a une formidable technique à leur disposition, que nous verrons.

23

TYPOLOGIE DES BAISSES

La tendance naturelle d'un marché financier à très long terme, c'est la hausse. Comme cela a été dit en introduction, tant que le capitalisme existera, tel sera le cas. En effet, le système capitaliste est basé sur le principe d'accumulation du capital, et donc sur le gain de valeur des actifs financiers et non financiers (comme l'immobilier par exemple). Cela va de pair avec l'accroissement des prix sur le très long terme.

Seulement, la hausse est ponctuée par des phases de baisse. Tout comme la croissance démographique sur le très long terme a été ponctuée par des guerres particulièrement destructrices. Il est donc plutôt difficile de prévoir les phases de baisse des marchés actions. Mais qui ne tente rien n'a rien.

Les spécialistes des crises diagnostiquent des dizaines de typologies de crises et de phases baissières. Il y a les krachs boursiers, les corrections, etc.

Pour notre part, et par souci de simplicité et d'efficacité, nous allons distinguer trois types de marchés baissiers :

- **Le marché baissier de long terme**, qui peut durer plusieurs années. Un tel marché voit les indices boursiers perdre au moins la moitié de leur valeur, et le climat de défiance s'installer.

- **Le krach boursier**, qui est par définition d'assez courte durée, mais qui peut se prolonger par un marché baissier ou venir au contraire à la fin d'un marché baissier. On considère en général qu'un krach boursier est considéré comme tel à partir de 30% de baisse, sur un laps de temps assez court (quelques semaines à quelques mois). Aujourd'hui, vu qu'il y a souvent des krachs assez courts (seulement quelques semaines) et pas très profonds (15 à 25% de baisse), on parle de flashkrachs, et ils sont d'ailleurs bien plus fréquents que les vrais krachs d'autrefois. Qui cependant, n'ont pas dit leur dernier mot...

- **Les corrections**, comme il y en a très souvent. On peut parler de réelle correction à partir de 10% de baisse. Une correction pouvant durer de quelques semaines à plusieurs mois. Une correction peut parfois même durer quelques jours, mais il arrive aussi qu'elle s'étale sur une année, voire plus.

Prenons l'historique du CAC 40 depuis 1980, donc depuis 40 ans. On notera que l'indice existe depuis

1988 en tant que tel et qu'entre 1980 et 1988 il a donc été reconstitué en fonction de ce qui existait alors.

On dénombre plusieurs krachs, flashkrachs, corrections, ainsi que deux grands marchés baissiers, en 2000/2003 puis en 2007/2009.

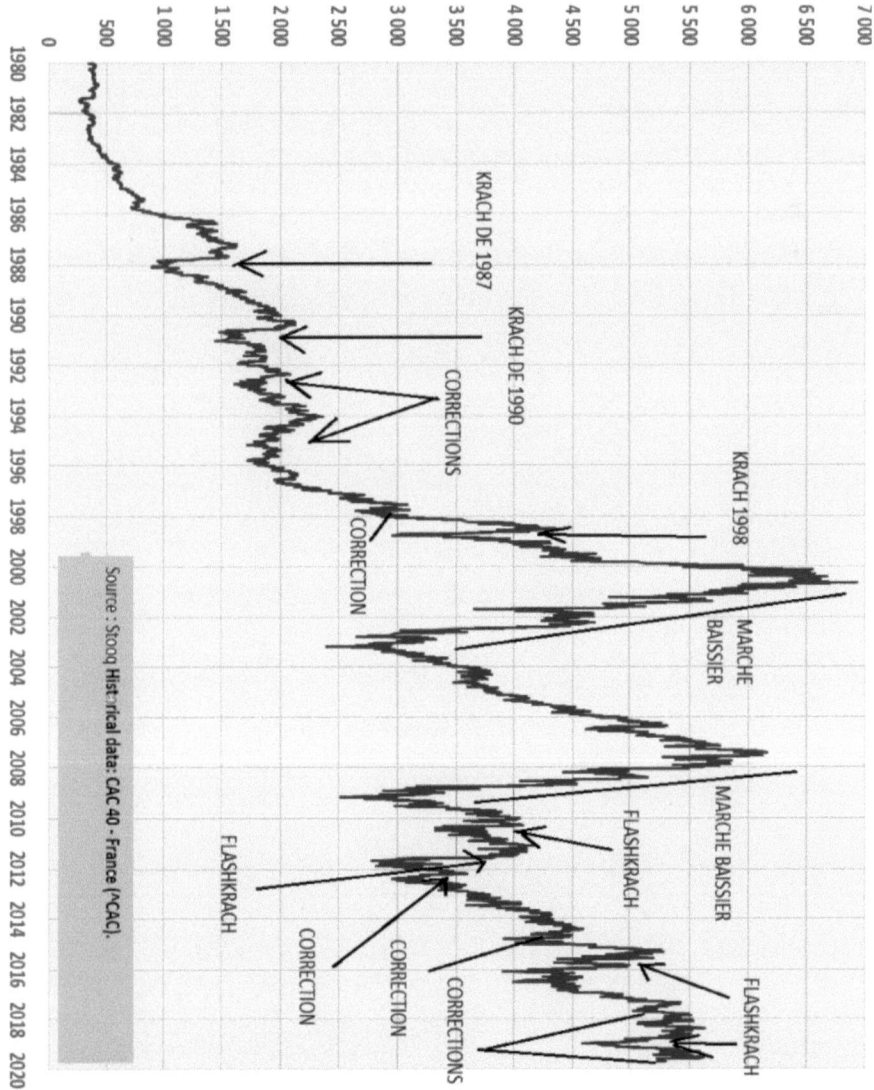

24

PRÉVOIR LA BAISSE

S'il y avait une méthode pour prévoir ne serait-ce qu'une correction, sans même parler de krach, ça se saurait ! Et l'inventeur de cette méthode serait riche et célèbre !

Face à la prévision, et tout particulièrement la prévision boursière, il faut rester humble ! Et simplement tenter de prévoir.

Prévoir une correction

Prévoir une simple correction relève essentiellement de l'analyse graphique.

Par exemple, si on prend, très récemment, les corrections de l'année 2019, elles se sont toutes produites après un double top, ou un échec répété sur une résistance (plusieurs sommets). Ainsi, une correction a plus de chance d'arriver lorsqu'un indice bute au moins 2 fois, voire plus, sur une résistance qu'il ne parvient pas à passer. Il ne faut pas multiplier les indicateurs graphiques lorsque vous souhaitez tenter de prévoir une correction : **plus vous aurez d'indicateurs, plus vous aurez de signaux divergents**. Il faut au contraire se focaliser sur les supports et résistances.

Les trois corrections de 2019 ont eu lieu après des échecs du CAC 40 sur des résistances. Soit après des double tops (mai et octobre) soit après une tentative de passage avortée (août).

En outre, en 2019, les corrections en question sont arrivées en mai, puis août, puis octobre, qui sont des mois statistiquement très propices aux corrections, il faut le savoir. À l'inverse, les mois de décembre, janvier, juillet sont des mois très propices à de belles poussées haussières.

Le calendrier peut constituer une aide précieuse pour anticiper une correction, mais toute projection statistique n'est jamais parfaite ! Ainsi, le mois de décembre 2018 fut un mois particulièrement baissier : il fut le théâtre d'un flashkrach, alors que, comme nous venons de le voir, le mois de décembre est en général un des meilleurs de l'année (qui accueille souvent le fameux rallye de fin d'année).

Les statistiques sur le long terme montrent un état de fait quelque peu différent :

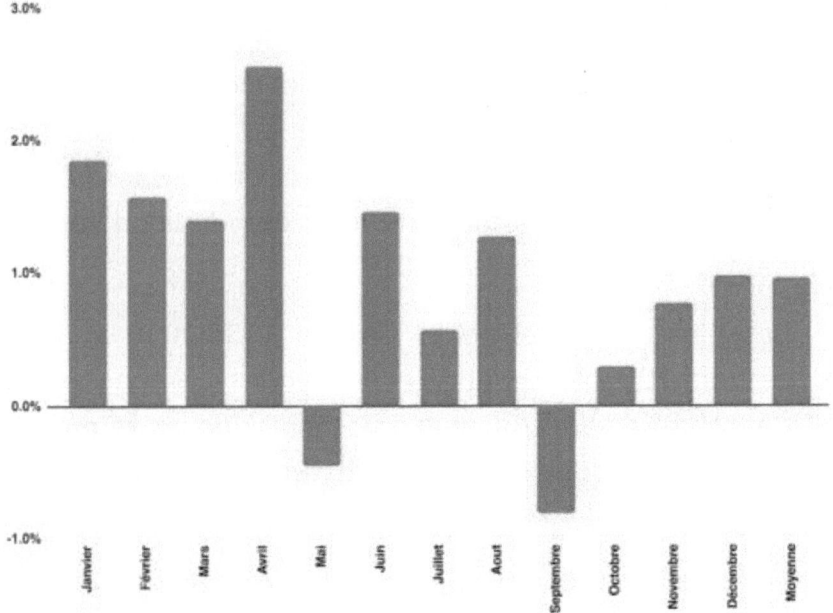

Performance des differents mois - Moyenne de 67 années (1950-2016)

Valquant Expertyse, FactSet

On y voit un mois d'octobre assez neutre, un mois d'août plutôt bon, et un mois de septembre très mauvais. Il faut dire que même si octobre est assez neutre sur le long terme, c'est un mois où se produisent fréquemment les baisses les plus marquantes (1929, 1987 surtout). Par conséquent, il reste dans les mémoires, et quand un double top se présente juste avant le mois d'octobre, il y a de fortes chances que cela mène à une correction comme au début du mois d'ctobre 2019.

Cette statistique intègre une longue période. J'ai le sentiment que les choses ont changé depuis quelques années et que le mois d'août, qui a souvent été bon dans le passé, a une fâcheuse tendance à devenir particulièrement mauvais. Sur les 5 dernières années (2015, 2016, 2017, 2018, 2019), le mois d'août fut systématiquement baissier. Et sur les 10 dernières années, il fut rouge dans 80% des cas (soit 8 fois sur 10), avec tout particulièrement des mois d'août désastreux en 2011 et en 2015.

Cette différence entre la période 1950-2010 et la période 2010-2019 peut s'expliquer par l'avènement des robots traders qui oeuvrent tandis que les gérants de fonds, et tous les gérants institutionnels sont en congés.

Vous pourrez donc, en complément des figures graphiques, vous aider des effets de calendrier, mais sans systématiser car vous pourriez avoir des surprises !

Il est aussi à noter que le feu est souvent mis aux poudres par une statistique. Quand le marché est en surchauffe et en situation de double top graphique, il faut tout particulièrement surveiller les statistiques comme l'indice ISM manufacturier aux USA, le taux de chômage...

Prévoir un krach/flashkrach

Ne faisons pas ici de distinguo entre krach et flashkrach. Considérons que le flashkrach, très bref et moins intense que le krach, est une version moderne de ce dernier, avec là encore l'intervention des robots traders qui rendent ces phases de baisse plus soudaines et peut-être moins profondes.

Raisonnons de manière inductive, comme on le fait souvent en sciences économiques.

Prenons les krachs et flaskrachs depuis 1980, donc sur les quarante dernières années.

Interrogeons-nous sur la cause qui en est à l'origine. Car ici, contrairement à la prévision des corrections, il est évident que l'analyse graphique ne suffira pas. Des éléments de prévision économique doivent entrer en jeu.

Octobre 1987

Tout allait bien, la bourse était euphorique, c'était les années des goldenboys... Et soudain, un krach, qui reste aujourd'hui assez mal expliqué. On avance couramment le fait que les taux d'intérêt américains s'étaient envolés préalablement.

En fait, quand l'économie se porte très bien, la tendance inflationniste entraine un mouvement de hausse des taux d'intérêt. Aussi bien les taux administrés, donc décidés par des institutions (taux directeurs des banques centrales) que les taux du marché (Euribor par exemple).

Le krach de 1987 n'était pas un krach provoqué par de mauvaises nouvelles mais au contraire par un excès haussier sur la bourse, consécutif à des hausses de taux, reflet de la bonne santé économique de l'époque.

Été 1990

On n'en parle plus beaucoup mais ce qu'on appellerait aujourd'hui un flashkrach a eu lieu durant l'été puis la rentrée 1990. Moins violent qu'en 1987 mais avec tout de même une baisse de près de 30%.

L'économie se portait déjà moins bien que 3 ans auparavant. Le Japon entrait en crise, l'immobilier culminait et commençait déjà à donner des signes de faiblesse... Et il y eut bien sûr la guerre du Gofle. L'invasion du Koweït durant l'été 1990 qui effraya les marchés et les menaces de guerre qui se précisaient, rendant cette dernière de plus en plus inéluctable.

Ce krach fut donc provoqué par un contexte géopolitique de guerre avec en toile de fond des incendies de puits de pétrole. Le marché étant très sensible à ce qui se passe sur le front pétrolier puisque le pétrole reste, aujourd'hui encore, la principale source énergétique.

Été 1998

Un krach vite oublié par la suite a secoué les marchés durant l'été 1998. Tout allait bien, l'économie mondiale croissait, un peu comme en 1987, et en plus apparaissait une énorme vague d'innovations : toute celle qui concerne internet et le numérique. Amazon fêtait sa première année de cotation boursière, n'intéressant pas grand monde à part quelques spécialistes... Tout allait bien partout mais pas en Russie : crise économique profonde, dévaluation de Rouble, forte chute de la bourse de Moscou...

Le krach de 1998 fut, comme celui de 1987, un krach de survalorisation : des marchés qui avaient besoin de souffler, de reculer pour mieux sauter. Mais à la différence de 1987 il ne fut pas provoqué par des données macroéconomiques aux USA mais en Russie, et aussi par un événement retentissant dans le monde financier : la faillite du fonds LTCM, qui était investi en Russie. C'était le début de la mondialisation de l'économie. Un incident dans un pays important et toutes les bourse sont contaminées.

Été 2011

Durant l'été 2011, le monde était encore sous le coup de la grande crise économique de 2008, de la faillite de Lehmann Brothers, et de la récession qui a frappé l'économie de tous les pays développés.

Il y eut alors, dans ce contexte particulièrement anxiogène, la crise grecque, et les rumeurs selon lesquelles la Grèce allait être en état de faillite et ne pourrait plus honorer ses créanciers. Vu que de nombreuses banques européennes étaient exposées à l'économie grecque, via des obligations, les marchés prirent peur et les valeurs bancaires s'effondrèrent, entrainant avec elles les indices boursiers.

Janvier 2016

Le mois de janvier 2016 fut le plus mauvais mois de janvier de l'histoire boursière ! La baisse avait commencé à pointer son nez fin 2015 déjà et s'est accélérée en janvier 2016. Le monde était pourtant bel et bien sorti de la crise de 2008, cela depuis 3 à 6 ans selon les pays, mais il y eut un véritable marché baissier sur les prix du pétrole, qui ne firent que s'effondrer. Le cours du Brent perdit 75% en deux ans et demi.

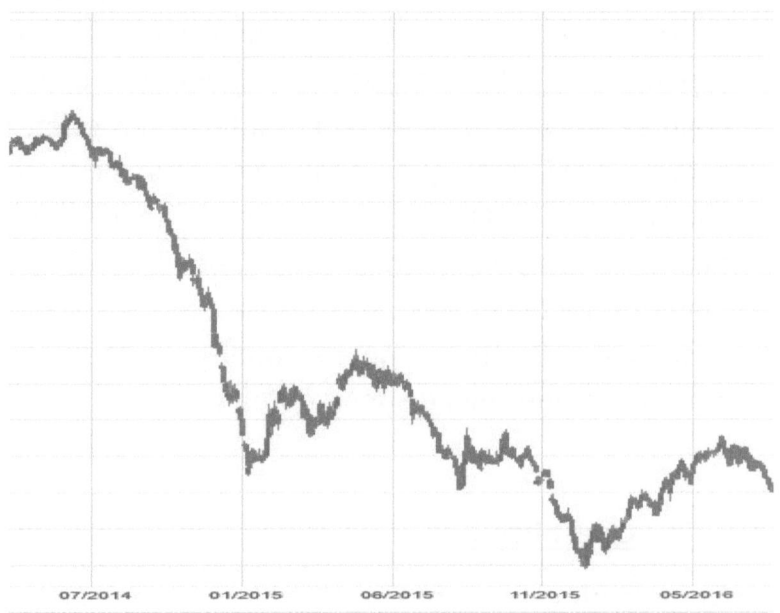

Autant le mouvement fut plutôt un soulagement pour les bourses mondiales sur la première partie de l'année 2015, autant il devint vite un sujet anxiogène et très préoccupant sur le deuxième semestre 2015 où le flashkrach devenait de plus en plus évident, et tout particulièrement sur les valeurs pétrolières.

<u>Décembre 2018</u>.

Un flashkrach en décembre, c'était inédit mais cela arriva en décembre 2018. Il y eut à cette époque encore très récente au moment où ces lignes sont écrites, un vent global de crainte au sujet de la guerre économique entre les USA et la Chine, et aussi des craintes sur le front des taux d'intérêt. En effet, du côté de la FED, bien que les taux directeurs ne fussent pas élevés (2.25%), on arrivait un cycle de hausse des taux de 2 ans sans interruption… Cela mit en face de marchés qui devenaient survalorisés, et vous avez les raisons d'un flashkrach qui ne voulut pas attendre un autre mois que celui de décembre !

Quel bilan ?

On ne se focalisera pas sur l'analyse graphique pour prévoir un krach, contrairement à une correction. On regardera en revanche les éléments économiques :

- **Taux d'intérêt**, souvent à l'honneur. Des taux en forte hausse sont susceptibles de provoquer une crise boursière. On notera aussi que lorsque les taux courts (1 ou 2 ans) dépassent les taux longs (10 ans), cela est un facteur de baisse. Pas forcément de krach mais au moins de correction (ce fut le cas en août 2019). Un taux de rendement rémunère le risque. Il est donc normal que ce taux soit plus élevé sur des obligations à 10 ans qu'à 2 ans car cela signifie que les investisseurs ont plus de doute, plus de brouillard sur une période de 10 ans que sur une période de 2 ans. En effet, plus on se projette loin dans le temps, plus l'incertitude sur la capacité de remboursement de l'émetteur de l'obligation ou sur le niveau des taux d'intérêt, ou sur le niveau de l'inflation, est élevée. Quand ça s'inverse, cela signifie que les investisseurs voient plus de risque sur 2 ans que sur 10. Donc anticipent une récession plus probable sur les 2 ans à venir que sur les 8 ans qui suivent. Pas plus compliqué.

- **Crise dans un pays majeur sur la scène mondiale** (Russie en 1998) ou même mineure s'il fait partie de la zone Euro (Grèce en 2011). En effet, nous vivons dans une économie mondialisée et les effets de contagion sont bien plus importants qu'il y a 40 ou 50 ans.

- **Fluctuations du pétrole**. Le pétrole, l'or noir, reste un des maitres incontestés du monde. On l'aime policé. On déteste le voir monter trop haut (car cela augmente de coût des matières premières de nombre d'entreprises qui peuvent alors basculer en déficit), et on déteste tout autant le voir baisser trop bas (car une crise dans les pays producteurs, dont les USA et la Russie serait du plus mauvais effet). Un pétrole qui monte trop haut ou qui descend trop bas, et cela dans un mouvement continu, et c'est le flashkrach quasi assuré dès que les médias économiques s'en emparent.

- Géopolitique et guerres. Une guerre comme celle du Mali sous François Hollande n'intéressera pas les marchés financiers. Car il n'y a pas d'enjeux pétroliers ni économiques au niveau mondial. En revanche, de simples tensions entre grands pays (USA et Chine ou USA et Russie), ou une guerre dans une région où le pétrole est la « première matière première », et voilà que la probabilité d'un krach/flashkrach augmente considérablement.

- Bulle spéculative. Une bulle spéculative consiste en une hausse irrationnelle et démesurée d'un indice boursier ou d'un groupe d'actions d'un secteur donné. Comme la bulle internet en 1999/2000. Qui avait alors contaminé les télécoms et toutes les entreprises technologiques comme les SSII. On le voit, plusieurs krachs comme celui de 1987 sont consécutifs à une bulle spéculative. Seulement, on constate aussi que la bulle spéculative n'est jamais le seul prétexte au déclenchement d'un krach. Il y a toujours un facteur annexe : pétrole, taux d'intérêt, événement géopolitique, etc. En période de bulle spéculative, il faut donc bien se dire que le marché est très fragile, et que tous ceux qui ont acheté et s'enrichissent peuvent vouloir vendre d'un coup et en même temps à la moindre étincelle. Il convient donc d'être sur ses gardes.

Ces éléments doivent être scrutés pour anticiper un krach ou flashkrach.

Prévoir un grand marché baissier

En 40 ans, il y a eu deux grands marchés baissiers, les deux d'ailleurs sur les 20 dernières années. À quand le troisième ?

Contrairement à une récession ou un krach boursier, un grand marché baissier dure en années, et l'on met du temps à s'en remettre. La bourse se remet d'un krach en quelques mois, au pire en un an. Le CAC 40 ne s'est toujours pas remis du grand marché baissier de 2007/2009 puisque, plus de 10 ans après, l'indice vedette de la Bourse de Paris est toujours en dessous de ses plus hauts de juin 2007. En revanche, les indices américains s'en sont plus que largement remis, le Dow Jones étant, en septembre 2019, à 90% au –dessus de ses plus hauts de la mi-2007.

Un grand marché baissier est uniquement dû à une vraie crise.

Alors qu'est-ce qu'une vraie crise ? Une période de crise économique se définit traditionnellement comme une période, plus ou moins longue, pendant laquelle le PIB baisse, c'est-à-dire la richesse d'un pays, son revenu. Son chiffre d'affaires en quelque sorte. La baisse du PIB s'appelle aussi la récession.

Une récession entraine en général un marché baissier ce qui est compréhensible car une récession signifie une baisse de la création de valeur, donc logiquement une baisse du prix des actifs.

Vu qu'en bourse, les ressorts psychologiques tendent à amplifier les choses, la baisse est beaucoup plus brutale que la baisse du PIB. Une baisse de 2% du PIB peut entrainer 30% de baisse de l'indice boursier du pays en question ! Le phénomène de masse intervient : les ventes entrainent les ventes.

Un marché baissier est plus ou moins dense, plus ou moins puissant. Il est bien sûr ponctué de phases de hausse, qui sont d'ailleurs, comme on le voit sur le graphique précédent, des phases de hausse brutales et violentes. Et il peut être ponctué de plusieurs flashkrachs, de périodes où la baisse accélère. Surtout à la fin. On parle d'ailleurs parfois de capitulation.

Des événements géopolitiques forts peuvent aussi venir amplifier le phénomène. En 2000, un marché baissier a été déclenché par l'explosion de la bulle internet. Ce qui aurait pu être un simple krach boursier en 2001 s'est prolongé en marché baissier long et puissant en raison des attentats du 11 septembre 2001 qui ont plongé plusieurs économies en récession. Ou plutôt, ils ont accentué surtout aux USA, une récession qui commençait à montrer le bout de son nez.

On voit bien d'après le graphique suivant, que ce grand marché baissier, le plus grand de l'histoire du CAC 40, a commencé fin 2000, aurait pu être un krach boursier de 6 mois mais a basculé en vrai marché baissier après les attentats du 11 septembre :

ATTENTATS 11 SEPTEMBRE

08/2000   07/2001   05/2002   04/2003   02/2004   12/2004

En résumé

Une correction se déclenche par des éléments graphiques, quelques statistiques économiques de second plan (ISM, taux de chômage en particulier), et des éléments calendaires qui peuvent aider.

Un krach/flashkrach se déclenche par une surchauffe, des tensions sur les taux d'intérêt, un pétrole trop bas ou trop haut, des tensions géopolitiques, une grosse crise circonscrite à un pays ou encore une guerre localisée.

Un grand marché baissier se déclenche par une récession plus ou moins généralisée, par des attentats ou une guerre de grande ampleur, une crise majeure à l'échelle internationale (le grand marché baissier des années 30 avait commencé par le krach de 1929).

25

COMMENT S'ENRICHIR AVEC LA BAISSE

Encore une fois, quitte à rabâcher, il est très important de dire une fois de plus qu'on ne peut jamais être certain de l'avènement d'une phase de baisse.

Il est plus facile de prévoir une phase de hausse qu'une phase de baisse car, une fois de plus, c'est le sens même de la bourse.

Cependant, quand on prévoit une baisse, il peut être intéressant, avec toutes les précautions d'usage, de se positionner sur la baisse.

De quelle manière ? Plusieurs outils sont à votre disposition, et selon le type de baisse envisagé, certains seront plus ou moins adaptés.

Les BX4

Rappelons que le BX4 est un tracker, que vous pouvez acheter exactement comme une action, et même mettre en PEA, qui réalise exactement l'inverse du CAC 40 mais avec un coefficient 2. Ainsi, si le CAC 40 gagne 1.5% le BX4 perdra 3%. Si le CAC 40 perd 2.8%, le BX4 gagnera 5.6%. L'intérêt de cet instrument, très connu des particuliers qui investissent en bourse, est de pouvoir gagner quand le marché baisse sans pour autant pratiquer de la vente à découvert. Et le second intérêt est de pouvoir protéger un portefeuille d'actions diversifié.

De manière symétrique, le BX4 baisse de 2% si le CAC 40 monte de 1%.

C'est la règle.

Le seul souci c'est que dans un marché stagnant le BX4 a tendance à baisser, pour des raisons mathématiques que nous ne détaillerons pas et qui ont pour but (on peut le comprendre) de faire gagner un peu d'argent à son émetteur.

Un graphique comparatif du CAC 40 et BX4 sur le long terme est intéressant à observer.

Sur 12 ans (durée du graphique), on remarque que le CAC 40 perd 2%. Autrement dit, on peut approximer en le disant stable malgré ses énormes fluctuations. Sur le même laps de temps, le BX4 perd 93% !

Eh oui… Quand le CAC 40 gagne 25%, le BX4 va perdre 50%. Mais pour les reprendre, il faudrait que le BX4 regagne non pas 50% mais 100%, c'est mathématique. Une action qui passe de 10€ à 5€ perd 50% mais pour remonter à 10€ il lui faut gagner 100%. Or, pour que le BX4 reprenne ces 100% il faudrait que le CAC 40 perde 50%, ce qui est quasiment impossible. On voit la forte percée du BX4 en 2008 sur le graphique, mais d'une manière générale, **c'est un instrument qui peut être intéressant lors d'un krach boursier mais qu'il ne faut surtout pas conserver sur le long terme**. Et lorsqu'on anticipe une baisse qui n'arrive pas, il ne faut pas garder le BX4 car il fera perdre de la performance à votre portefeuille.

Les puts warrants

Les puts warrants ont une valeur-temps qui chaque jour s'érode. Autrement dit, avec ce type d'instruments, il convient d'être dans le bon timing, ne surtout pas se tromper d'année ! Ni même de mois ! **Un put warrant est utile pour « jouer » une baisse sur du court terme.** C'est là qu'il donnera le maximum de son efficacité. Dans ce cas, il faut choisir un warrant qui a une date de maturité pas trop éloignée mais pas trop rapprochée non plus car dans un tel cas, il perdra beaucoup de valeur temps chaque jour !

Si vous anticipez une baisse demain 1er octobre ou après-demain 2 octobre, positionnez-vous sur un put warrant ayant une échéance en décembre par exemple, mais pas en juin de l'an prochain (car il sera moins réactif) ni au 30 octobre (car si vous vous trompez de 4 jours vous perdrez le bénéfice de votre prévision même si vous avez raison 4 jours trop tard).

Les CFD

Comme cela a été dit dans le chapitre 4, les CFD sont des instruments principalement réservés à ceux qui veulent faire du trading et non de l'investissement boursier classique. À ce titre, seuls certains brokers proposent des CFD ; vous n'en trouverez pas sur votre banque en ligne.

Les CFD proposent des leviers très importants ce qui a aussi un désavantage car l'utilisateur non averti peut vite se trouver non seulement ruiné mais endetté.

Cependant, avec un seul compte CFD, vous pouvez tout trader : les monnaies, les indices, les actions françaises, les actions européennes, les actions américaines, etc. Vous pouvez aussi "shorter" sur CFD, c'est à dire vendre ce que vous n'avez pas pour l'acheter (le racheter) plus tard à un prix inférieur (dans l'idéal). Par exemple, vous vendez 500 CFD action Axa à 20€ le 5 septembre. Vous achetez (rachetez) le 8 septembre les 500 CFD action à 19€. Vous venez de gagner 500€. Bien entendu, si le cours avait monté à 21€ et que vous vous étiez "racheté", vous auriez perdu 500€.

Ces instruments sont adaptés aux traders, point.

Les ventes à découvert (VAD)

Attention, grand danger !

Je vais répéter ce qui a été dit en début d'ouvrage et qui prend tout son sens ici.

Il faut savoir qu'en bourse on a le droit de vendre une action qu'on ne possède pas, avec l'espoir de la racheter plus tard à un prix plus bas. C'est comme si je vous disais que je vous vends la voiture de mon voisin pour 10.000€ et qu'ensuite, une fois que vous m'aurez payé, j'irai frapper à la porte du voisin pour lui acheter sa voiture à 8.000€ et vous la livrer. C'est ce qu'on appelle **la vente à découvert.**

Ce type de pratique, très usitée des traders, a l'avantage de fluidifier le marché, de l'équilibrer pour ne pas que tout monte tout le temps... Mais c'est aussi très dangereux, car les pertes peuvent cette fois excéder la mise ! En effet si vous vendez une action à 1€ et qu'elle monte à 3€... que vous devez alors la racheter à 3€ pour honorer votre position vendeuse, vous perdez 2€ soit 2 fois votre mise !

La vente à découvert est intéressante pour les traders, mais surtout pas pour les boursicoteurs et encore moins pour les rentiers.

Les actions misant sur la volatilité

Quand le marché baisse, la volatilité est plus importante car le marché entre dans une forme de grande nervosité. Les phases de hausses brutales et de baisses brutales se succèdent. C'est là que les traders s'enrichissent le plus. C'est aussi pour cela que beaucoup de gens les détestent, les qualifiant de charognards, qui s'enrichissent sur le malheur des autres.

Il existe quelques entreprises, cotées en bourse, qui ont pour seule et unique activité de faire des arbitrages sur les marchés, et du trading automatique.

Autrement dit c'est lorsque les marchés seront volatils que ces entreprises vont le plus prospérer. Et qu'elles feront le plus de bénéfices.

Vu leur activité, et le fait que ces sociétés n'ont pas de vocation expansionniste, elles distribuent une grande partie de leurs dividendes, ce qui en fait des valeurs de rendement très intéressantes, surtout en période de baisse.

Ces actions peuvent donc être très intéressantes pour les rentiers mais aussi pour les boursicoteurs, car, en période de baisse, ils auront alors en portefeuille des actions allant totalement à l'encontre du marché !

Deux sociétés sont particulièrement connues : ABC ARBITRAGES (mnémo ABCA) et FLOW TRADERS (mnémo FLOW).

Regardons l'évolution du titre ABC ARBITRAGES comparé au CAC 40 :

On notera que lors de phases de corrections ou de flashkrachs la corrélation inverse fonctionne bien. Mais lors d'un marché baissier comme en 2008, où toutes les actions sont massacrées, celle-ci résiste mieux qu'une autre mais est quand même emportée dans la tourmente.

Ce n'est donc pas un instrument à utiliser en cas de marché baissier sauf pour la hausse du dividende et donc pour un rentier.

L'investissement programmé

La manière la plus sure et la plus optimale de s'enrichir en cas de baisse, et surtout dans un marché baissier c'est l'investissement programmé, dont il a déjà été question au chapitre 6.

Lorsqu'une récession pointe le bout de son nez, vous pourrez jeter votre dévolu sur un indice. En achetant par exemple un tracker qui réplique l'indice boursier en question. Et en reproduisant cet investissement chaque mois. Tout au long de la baisse. Cela reviendra à moyenner à la baisse, à lisser votre prix de revient.

Vous pourrez aussi sélectionner une action emblématique de l'indice en question, qui ne soit pas trop « sectorisée ». Par exemple Total c'est le pétrole, donc c'est une action trop sectorisée. Kering c'est le luxe donc c'est aussi sectorisé. Air Liquide est une action moins sectorisée. Idem pour Michelin qui ne dépend pas vraiment du secteur automobile car même si le secteur est en crise on aura toujours besoin de pneus pour rouler, que l'on change ou pas de voiture.

Quand vous estimez qu'un grand marché baissier se profile, ne pensez pas à fuir mais au contraire à investir chaque mois sur une ou deux actions et/ou sur un indice. À peu près la même somme chaque mois (en étant pragmatique et en ajustant en fonction du nombre d'actions à acheter). Vous profiterez alors de façon démultipliée du rebond. Et si jamais le marché ne baisse pas, vous ne perdez pas d'argent !

Supposons que vous investissiez 250€ par mois sur Michelin.

Supposons une forte baisse sur 12 mois. Et les cours mensuels suivants :

- Janvier : 125€
- Février : 100€
- Mars : 90€
- Avril : 80€
- Mai : 70€
- Juin : 75€
- Juillet : 80€
- Août : 70€
- Septembre : 65€

- Octobre : 60€
- Novembre : 55€
- Décembre : 50€

Avec 250€ environ par mois environ, vous achèteriez :

- Janvier : 2 titres (250€)
- Février : 2 titres (200€)
- Mars : 3 titres (270€)
- Avril : 3 titres (240€)
- Mai : 4 titres (280€)
- Juin : 3 titres (225€)
- Juillet : 3 titres (240€)
- Août : 4 titres (280€)
- Septembre : 4 titres (260€)
- Octobre : 4 titres (240€)
- Novembre : 4 titres (220€)
- Décembre : 5 titres (250€)

Au bout d'un an, vous auriez donc 41 titres pour une mise de 2955€. Soit un prix de revient moyen de 72€.

Lorsque le titre est à 50€, soit à la fin de la crise, votre perte sera de 30%. Mais quand le titre sera remonté à 100€ votre gain sera alors de 39%. Sans parler des dividendes. Ce genre de titres, on le sait, tant que le capitalisme ne sera pas détruit, auront toujours une vraie capacité de résilience et de rebond.

Si vous optez pour une telle stratégie, veillez à ne pas porter votre dévolu sur des actions survalorisées ou qui subissent une bulle spéculative. Un actionnaire qui aurait opté pour cette stratégie sur Alcatel en l'an 2000 n'aurait jamais été gagnant. Les titres qui sont sur des bulles spéculatives sont donc à proscrire pour ce genre de stratégie.

Encore une fois, vous pouvez viser soit des trackers, soit des actions du CAC 40 qui offrent sur le très long terme un profil de stabilité et de création de valeur sans être particulièrement cycliques :

- Air Liquide
- Michelin
- L'Oreal
- Vinci
- Pernod-Ricard
- Michelin
- Saint-Gobain

Il est très intéressant de savoir que ce genre de stratégies est proposé par les banques dans le cadre des assurances-vie. Ce sont donc des stratégies pouvant aussi intéresser ceux qui font de la gestion déléguée en complément ou en remplacement de leur portefeuille boursier. Toutes les banques proposent de l'investissement programmé sur des supports d'assurance-vie. Dans ce cas, optez pour un fonds qui réplique un grand indice boursier.

En résumé

	CORRECTION	KRACH	MARCHÉ BAISSIER
GESTION DELEGUEE	---	---	Investissement programmé
RENTIER	---	---	Investissement programmé + Actions de sociétés arbitragistes
BOURSICOTEUR	Put warrants BX4	BX4	Investissement programmé + jongler avec les BX4
TRADER	CFD VAD	CFD VAD	CFD

DÉJOUER LES PIÈGES DE LA BOURSE

Vous avez compris ce qu'est la bourse.

Vous avez trouvé votre style, ou du moins votre style principal, qui occupera 80% de votre portefeuille.

Vous avez trouvé vos outils.

Quel que soit le style qui vous correspond, les pièges seront les mêmes où à peu près les mêmes. Il va donc falloir maintenant apprendre à déjouer les pièges que le marché tend implicitement en permanence aux particuliers qui sont la partie faible du « jeu »... La bourse est un marché peu régulé, où les professionnels maitrisent bien plus que vous, particuliers, les règles du jeu. Des règles qu'ils fixent et modifient, pas à leur guise, mais presque !

Sans forcément le vouloir, mais juste dans la quête de leur propre intérêt, ils tendent des pièges aux particuliers, à chaque instant. Et donc le marché ne vous fera pas de cadeau. Il peut aisément reprendre tout ce qu'il a donné, et cela en un clin d'œil ! La chance du débutant ne durant jamais très longtemps.

L'investisseur chevronné trouvera ici une manière d'améliorer ses performances.

Que vous soyez novice ou chevronné, les pièges sont les mêmes. Les connaitre, c'est pouvoir les déjouer.

Ils sont classés en 3 catégories :

- Les pièges psychologiques, qui sont liés à vous, à nous, à notre structure même de pensée. Ceux qui ne dominent pas à minima leur psychologie seront les proies les plus faciles du marché.

- Les pièges institutionnels, qui sont tendus involontairement par les médias, petits et grands, dont il faut savoir lire l'information. Mais aussi par les banques et autres brokers qui, entre autres, créent instruments dérivés sur instruments dérivés, facilités d'investir avec du levier... pour leur plus grand enrichissement et pour qu'un particulier sur combien... 50... 10... s'enrichisse tandis que l'immense majorité verra fondre ses économies.

- Les pièges du marché, qui sont simplement dus au fait que le marché c'est la jungle ! Car l'information y est asymétrique. Ceux qui la détiennent gagnent au détriment de ceux qui ne la possèdent pas. Le marché a son propre langage, ses codes, ses messages. Ne pas les décrypter revient à tomber dans le piège.

26

LES PIÈGES PSYCHOLOGIQUES

Nous sommes 7 milliards sur Terre. Soit 7 milliards de visions, de manières de penser et de manières de faire. Imaginons que ces 7 milliards de personnes se retrouvent tous sur les marchés financiers, avec un seul et unique but, gagner ! Gagner avant même de savoir comment on veut gagner, pourquoi on veut gagner… Vous imaginez la catastrophe qui en découlerait…

Ne pas se connaitre est un piège

Pourquoi et comment voulez-vous gagner ? Le savez-vous ?...

Que recherchez-vous vraiment ? Ne pas le savoir est le premier piège que vous tend, bras ouverts, le marché. Socrate disait : « Connais-toi toi-même ». Si vous ne vous connaissez pas un minimum, vous allez être guidé par un appât, celui du gain, qui vous détruira. Car vous foncerez tête baissée sur la première action qui brille, dont tout le monde parle, sans discernement.

Pour ne pas tomber dans ce piège, relisez attentivement le chapitre 12 du présent ouvrage. Il est vraiment crucial d'adapter votre style d'investissement à ce que vous êtes et ce que vous voulez. C'est un peu le leitmotiv de ce livre, mais je vous le répète encore à ce stade.

Celui qui veut gagner pour l'adrénaline doit accepter la perte. Vivre avec son spectre. Car elle lui procurera aussi des montées d'adrénaline. Ainsi pourra-t-il tenter des « coups ». C'est-à-dire des achats ciblés, sans trop diversifier. Mettre le paquet, et prendre le risque maximum. Comme au casino. La roulette : un jeton sur le 5, un autre sur le 12, quatre sur le 36... et au final c'est le jackpot ou la ruine momentanée.

D'une manière générale, ce n'est pas du tout ce que je préconise, car la bourse n'est pas un casino. Mais j'ai rencontré des gens qui sont à la recherche de ce genre de sensations. Je les respecte. Si c'est votre cas, il faut juste que vous en soyez conscient, au point de pouvoir l'affirmer haut et fort à vos proches, sans honte ni fierté. Simplement car c'est un trait de votre caractère.

Celui qui veut gagner pour se constituer du patrimoine devra au contraire oublier la perspective de faire un « coup » fulgurant. Si tel est votre cas, vous vous focaliserez sur votre objectif, sans jamais le perdre de vue. Répéter sans cesse : « je suis là pour faire grossir mon patrimoine ». **Pour m'enrichir.** C'est aussi le titre de cet ouvrage ! Ainsi il vous faudra diversifier au maximum, avoir donc plusieurs lignes d'action dans votre portefeuille, ne pas aller vers ce qui brille mais vers les belles vaches à lait discrètes qui distribuent régulièrement du rendement. Et tant pis si vous ratez des « coups ». Dites-vous que vous raterez aussi des faillites. Répétez-le-vous. Quand vous voyez une action qui a triplé, voyez aussi celle qui a perdu 90%. À la lecture d'un article vantant les mérites d'une start-up cotée en bourse, vous devrez être capable de vous dire « non... ce n'est pas pour moi, je veux juste me faire du patrimoine, pas prendre ce genre de risques. ». Le mot spéculatif sera votre épouvantail. Tout ce qui est annoté comme spéculatif, vous le fuirez !

Celui qui veut améliorer son train de vie quotidien sera entre les deux. Si vous êtes dans ce cas de figure, vous tenterez des « coups », en réussirez certains mais pas d'autres... Il sera important que vous vous offriez des vacances, ou encore une sortie, ou encore un objet qui vous tient à cœur, après un « beau coup », afin de matérialiser votre gain ; le vivre quoi ! Puisque vous êtes là pour ça ! À côté de cela, vous aurez en portefeuille un tas d'actions de rendement, ou des valeurs patrimoniales, qui ne bougent pas beaucoup mais vous sécuriseront.

Vouloir gagner c'est bien. Mais si vous ne savez pas pourquoi vous voulez gagner, vous ne saurez pas comment gagner ! Et vous tomberez dans un des pièges les plus classiques de l'investissement boursier !

Vos émotions sont un piège…

Selon Jérôme Mangin, formateur en matière de trading, et auteur du livre « La psychologie du trader particulier », les nombreuses émotions qui régissent notre capacité à raisonner de manière logique ont des conséquences qui peuvent être positives pour certains, négatives pour d'autres. Et cela va également pour la capacité à investir sur les marchés financiers.

Quand on est trop émotionnel, dit Jérôme Mangin, c'est l'irrationnel qui prend le dessus. L'irrationalité est souvent la cause des nombreux déboires des petits porteurs sur leurs choix d'investissement et leur résultat sur le long terne. Pour 90% d'entre nous, la mauvaise gestion des émotions nous conduira à tout perdre. 90% n'est pas un chiffre arbitraire ni inventé.

Cette statistique provient de l'Autorité des Marchés Financiers. D'ailleurs, cette autorité essaye tant que bien que mal de limiter l'utilisation du levier chez les particuliers, car elle estime que c'est l'utilisation d'un levier trop fort qui provoque certains biais psychologiques qui mènent à la perte.

Comme nous le verrons plus tard dans ce livre, les leviers trop forts, mis en place par les brokers, sont un véritable poison pour le particulier. Le savoir, c'est déjà être capable de s'en prémunir. Mais le savoir c'est une chose ; ne pas se laisser dominer par ses émotions en est une autre.

Quelles sont les émotions capables de vous dominer au point de vous faire perdre les pédales ?

Jérôme Mangin en recense sept :

- L'excès de confiance
- La colère
- La peur
- Le stress
- L'impatience
- L'hésitation
- L'ennui

Je rajoute l'amour…

Placer l'ennui ici peut étonner… Et pourtant ! Combien de particuliers passent leur temps devant leurs graphiques et leurs analyses boursières par ennui… On n'investit pas en bourse par dépit. En aucun cas. Sauf à vouloir perdre… Passez votre chemin et trouvez d'autres activités si c'est vraiment pour combler un ennui que vous investissez ou voulez investir en bourse !

Quant aux autres émotions, je n'ai pas la prétention de vous donner des techniques pour les combattre. Je dis simplement : essayez du mieux que vous pouvez, de vous détacher le plus possible de l'émotionnel.

N'ayez pas d'excès de confiance car vous avez gagné. Dites-vous que vous pouvez tout perdre demain.

Ne vous mettez pas en colère si vous perdez. La colère est une très mauvaise inspiratrice, en bourse comme ailleurs. Dites-vous que vous pourrez tout regagner demain.

N'ayez pas peur de perdre, car si vous avez peur, vous perdrez. La peur n'évite pas le danger, la maxime est bien connue ! Si vous avez peur, n'investissez pas ou bien combattez votre peur avant d'investir. C'est comme lorsque quelqu'un vous agresse : si vous avez peur, vous êtes « fini ».

Ne soyez pas stressé devant votre écran avant de passer un ordre de bourse. Si vous stressez, passez à autre chose de délassant et revenez après. Et surtout, quand vous investissez pour du long terme, ne regardez pas le cours de bourse à longueur de journée ! Si vous investissez pour du long terme, faites comme si vous aviez acheté une place de parking par exemple ! Vous n'allez pas chaque jour consulter les annonces pour voir si elle gagne ou perd de la valeur !

Ne soyez pas impatient quand une action ne décolle pas. Sauf si vous faites du trading. Parfois il faut du temps... qui peut vous sembler long mais qui en fait ne l'est pas. Par exemple, j'ai recommandé l'action Sword Group en mars 2016. Vers 23€. Après plusieurs mois elle était scotchée vers 23€. Qu'est-ce que plusieurs mois à l'échelle d'une vie ? Quand elle a décollé, elle l'a fait sérieusement et a bien rattrapé son retard !

L'hésitation est terrible en bourse. Hésiter entre deux actions... hésiter entre le fait de vendre ou pas... Hésiter est sain tant qu'il s'agit de se renseigner, se documenter, s'interroger sur ses motivations. **Trop hésiter vous conduira à la ruine. En bourse il faut être capable de trancher dans le vif ! Choisir... Savoir acheter et savoir vendre.** Quand vous faites une plus-value conséquente sur une action, du genre 50% ou 70%, ne soyez pas aveuglé... Vendez ! Après tout, Le Baron de Rothschild avait bien dit « *si j'ai fait fortune c'est parce que j'ai laissé les autres gagner de l'argent après moi...* ». Le mieux dans ce cas, est de ne pas regarder en arrière. Ne pas regarder l'action que vous avez vendue. Pour ne pas regretter si elle monte. Mais pas non plus pour vous dire « *ah que j'ai bien fait de vendre* » si elle baisse... Non... **Laissez le passé derrière vous et passez à autre chose !** À noter que si vous hésitez vraiment après un gain, vous pouvez ramener le prix de revient à zéro en vendant la quantité suffisante qui permette de couvrir la somme déboursée au départ.

Ne tombez pas amoureux d'une action. Les plus assidus d'entre vous réalisent là pourquoi j'ai mentionné l'amour comme émotion à combattre quand on investit en bourse. Vous avez acheté un paquet d'actions d'une entreprise que vous aimez bien ? Mais, diable, ce n'est pas votre entreprise ! Vous n'êtes, pour le management, qu'un numéro parmi d'autres ! L'entreprise dans laquelle vous investissez sait prendre votre argent pour se développer. Et pour payer les dirigeants. On ne peut pas la blâmer, ce sont les règles du jeu. Auxquelles vous avez implicitement souscrit. Pour votre part, sachez reprendre cet argent quand vous en avez besoin ou que vous estimez avoir fait une plus-value suffisante ! Voilà pourquoi j'ai indiqué plus haut rajouter l'amour aux émotions qu'il conviendra de dominer pour ne pas se trouver piégé par… soi-même !

Si malgré tous ces conseils de bon sens, vous êtes toujours tributaire de vos émotions lorsque vous investissez en bourse, n'hésitez pas à aller consulter des sophrologues, à faire de la relaxation… N'hésitez pas à couper une séquence d'étude du marché par un break… ne plus penser à la bourse, aller courir, aller au cinéma, etc.

Le piège de la certitude…

La certitude n'est pas une émotion mais un état d'esprit, qu'il ne faut surtout pas avoir en bourse ! **Lorsqu'on investit en bourse, on travaille dans un univers probabiliste.** Aussi informé, initié que l'on puisse être, il y a toujours un certain nombre de paramètres que l'on ne maitrise pas, et que personne ne maitrise.

Ces paramètres sont tout d'abord macroéconomiques : on ne sait pas si un pays ne va pas subir une grave crise demain, si le PIB de la France sera un peu en dessous ou un peu au-dessus de ce que les économistes estiment. Toute déception peut entrainer une baisse sur le marché et par conséquent sur de nombreuses actions.

Par ailleurs, les paramètres géopolitiques constituent aussi une forme importante d'incertitude. Dans le monde où nous vivons, il suffit hélas, d'un gros attentat, pour que le chemin qui avait été emprunté par les marchés financiers se mette à changer. Nous ne sommes jamais à l'abri qu'un pays déclare la guerre à un autre. Imaginez, à un moment où personne ne s'y attend, un tir nucléaire de la Corée de Nord sur ses voisins. Une ville rasée. Réunion du conseil de sécurité de l'ONU. Troisième guerre mondiale ou grave incident isolé ? Pouvez-vous jurer d'être à l'abri d'un tel scénario, qui entrainerait un tel vent de panique que l'ensemble des bourses mondiales fermerait, provoquant une énorme crise de liquidité ? Vous auriez tort d'en avoir la certitude.

Les résultats des entreprises ont beau être solides, le marché a beau être positif, on ne peut jamais jurer à 100%, quand le marché ferme le soir, que le lendemain il rouvrira ses portes avec le même état d'esprit qui prévalait la veille.

Avoir trop de certitudes est un biais psychologique qui peut vous faire prendre des risques inconsidérés. Par exemple, si vous tradez avec un effet de levier, évitez de garder des positions du jour au lendemain. Car tout peut arriver durant la nuit. Si vous investissez,

TOUT LE MONDE PEUT S'ENRICHIR EN BOURSE

vous serez moins concerné mais faites tout de même attention aux certitudes, car vous ne maitrisez pas les paramètres microéconomiques. Lorsque vous investissez dans une entreprise, il suffit qu'un concurrent dépose le bilan pour que votre investissement soit immédiatement plombé (même si à long terme cette hypothèse serait favorable à l'entreprise sur laquelle vous avez jeté votre dévolu puisque sa part de marché augmentera).

Par conséquent on ne peut jamais avoir de certitudes en bourse vu que tout peut changer à tout moment et qu'il y a des paramètres que nul ne maitrise, même les plus avisés des investisseurs. Il ne faut simplement jamais perdre cela de vue. Même le rendement d'une entreprise, si vous passez en mode « rentier » n'est pas certain, pas acquis. D'où la nécessité de diversifier, même en mode rentier.

Cela étant dit, il ne faut pas confondre convictions et certitudes ! **Les convictions sont importantes en bourse, il faut en avoir ! Être convaincu, c'est y croire, croire à ce que l'on fait. Avoir ces certitudes c'est être borné. La différence est grande !**

Croire les menteurs...

Le sentiment de cupidité est si fort en bourse qu'il rend parfois naïf. On veut tellement gagner, croire qu'on va gagner, qu'on finit par entendre ceux qui nous promettent des gains faciles. Nous l'avons vu avec la Bitcoin à la fin de l'année 2017 et durant toute l'année 2018 ! Combien de sites, de professionnels vantaient le Bitcoin, qui était passé de 0.2$ à 18.000$. Oui, mais quand un actif voit son prix monter autant, pouvez-vous croire ceux qui vous disent que ça va encore monter ? Si vous les croyez, c'est par aveuglement ou par cupidité pure !

Idem pour les entreprises qui annoncent qu'elles vont tout révolutionner. De premier abord, il faut faire confiance à un chef d'entreprise. Mais quand on voit qu'il ne tient pas ce qu'il annonce... une fois... deux fois... la méfiance doit être votre alliée.

Heureusement, les entreprises sont encadrées, contrôlées, par des commissaires aux comptes et autres ribambelles d'institutionnels. Mais cela n'a pas empêché certains patrons sans le moindre scrupule de passer à travers les mailles du filet et d'annoncer publiquement des mensonges au marché, afin de faire monter leurs titres ! Puis du jour au lendemain, plus rien ! Rideau fermé ! Et ruine !

Loyatltouch ou Gowex sont des cas d'école de mensonges avérés, qui ont fait scandale au début des 2010.

Il y a hélas très peu de moyens de repérer ce genre d'entreprises. Néanmoins par prudence, méfiez-vous des dirigeants de sociétés qui parlent trop, qui font trop d'effets d'annonces, qui se montrent trop, qui tiennent un discours trop orienté vers « on va conquérir le monde », qui parlent de milliards alors que leur société démarre tout juste... Préférez des chefs d'entreprises qui sont sur des marchés à gros potentiel, qui expliquent le potentiel de leur marché, mais qui restent mesurés dans leurs prévisions ou leurs objectifs. Et, encore mieux, qui dépassent leurs objectifs... Cela est très important. L'expérience montre que ceux qui annoncent des milliards sont ceux dont les actions ne tiennent pas la route sur le long terme. A titre d'exemple, le titre Visiomed est, en septembre 2019, à 0.02€ alors qu'il avait flambé à plus de 6€ en 2015 après des annonces fracassantes qui n'ont cessé de se poursuivre.

27

LES PIÈGES INSTITUTIONNELS

Beaucoup d'institutions interviennent sur le marché boursier : banques, banques privées, brokers, cabinets d'analystes, organes de presse ou d'information, institutions de régulation... Évidemment, ces institutions ne sont pas là, chaque jour, à tendre des pièges aux pauvres particuliers pour leur voler leur argent. Non, ce n'est pas mon propos. Même l'extrême gauche ne va pas si loin. Mais chaque institution est mue par la quête de son propre intérêt, le profit en l'occurrence (excepté des organes de régulation comme l'AMF), et ces propres intérêts constituent en eux-mêmes des formes de pièges involontairement tendus à ceux qui ne les voient pas venir... Apprendre à les déjouer, c'est savoir naviguer en eaux troubles. Tout simplement.

TOUT LE MONDE PEUT S'ENRICHIR EN BOURSE

Les cassandres et prédicateurs d'octobre...

Méfiez-vous des messages catastrophistes que vous recevez dans vos boites mail puis qui font le tour de la planète plus vite que le son.

Autant l'internet a été un formidable moyen de démocratisation pour la bourse, autant il est le vecteur de toute une pollution parasite. Et comme par hasard, ces messages catastrophistes qui vous poussent à acheter pour une fortune des rapports bidons écrits par de soi-disant experts, fleurissent souvent à la veille du mois d'octobre ou du mois de mai qui sont les deux mois qui font peur dans l'inconscient collectif des boursicoteurs.

1929... 1987... 2008... Les mois d'octobre ont été des mois de krachs boursiers. Dit autrement, quand il y a un krach c'est souvent en octobre. Alors chaque année, nous avons droit à la même rengaine. Chaque année, ou presque, il y a des prédicateurs qui nous expliquent par des arguments fallacieux aptes à faire paniquer les gens qui ne connaissent que vaguement l'économie, que la catastrophe est imminente. Et que cette fois, le nouveau krach va surpasser les précédents. Recette miracle : achetez de l'or ! Au moins, personne ne pourra dire "par sa faute j'ai été ruiné" car personne n'a jamais été ruiné sur du long terme avec l'or.

Une rengaine bien éprouvée, donc, et qui reviendra encore et encore.

La surexploitation commerciale des krachs d'octobre n'en finit pas. Année après année. Quoi de mieux que de faire peur pour vendre du papier, fût-il électronique ?

Faire peur et faire rêver sont les deux leviers commerciaux des vendeurs de boniments.

De grâce, fuyez ces messages, demandez à être radié des newsletters correspondantes, et écrivez à la CNIL si votre radiation n'est pas effective... Ne vous laissez pas polluer par ces mauvais prédicateurs qui pourraient vous faire peur et vous pousser à quitter la bourse.

Les exemples sont nombreux, mais prenons des cas récents (les années 2010) pour illustrer mon propos.

Dès la fin de l'été 2015, un certain Martin Armstrong, prédicateur américain millionnaire, qui avait soi-disant prédit la crise des subprimes, nous annonçait une catastrophe économique et un immense krach boursier le 1er octobre 2015. Pour ma part, j'avais démonté un à un ses arguments sur Francebourse.com. Un à un. Et que s'est-il passé ? Octobre 2015 fut l'un des meilleurs mois boursiers des dernières années !

Un an plus tard, certains ont remis le couvert. Il était annoncé une catastrophe pour le 1er octobre 2016. Avec à la clé, un argument, celui des DTS (droits de tirage spéciaux). Il devait effectivement se passer quelque chose le 1er octobre 2016 : la modification de la composition des DTS, au profit du Yuan, la monnaie chinoise. Selon les cassandres vendeurs de boniments, cela devait provoquer un krach du dollar qui se propagerait à la vitesse de la lumière sur les marchés boursiers. Il était facile de faire paniquer les gens car, à moins d'être économiste, nul ne pouvait savoir que les DTS représentent à peine 300 milliards de dollars, soit même pas 15% du PIB de la France ! Pour comparaison, il y a environ l'équivalent de 5500 milliards de dollars échangés quotidiennement à travers le monde ! Les échanges en DTS sont donc très marginaux... Et donc cette modification de la composition du panier du DTS a eu un effet minuscule sur le cours du dollar ! Mais la surexploitation commerciale de l'événement a été énorme. Et beaucoup de particuliers ont paniqué pour rien. Une fois de plus, sur Francebourse.com j'ai démonté ces arguments tout au long du mois de septembre, et en octobre 2016 il ne s'est strictement rien passé, à part de nombreuses hausses sur beaucoup d'actions de qualité qui étaient un peu en sommeil.

Ces deux exemples doivent vous inciter à ne pas lire les messages catastrophistes que vous recevez dans vos boites mail ou que vous trouvez sur les forums, à éviter eux aussi.

Qui en est à l'origine ? Peu nous importera. Ce sont des parfois des organes d'information et des vendeurs de conseils, tout à fait habilités par ailleurs à diffuser de telles informations qui finalement reflètent des opinions. Et, jusqu'à preuve du contraire, chacun a le droit de donner son opinion en démocratie. Libre à chacun qui lit ce genre de choses de ne pas suivre. **Dites-vous bien que les plus grandes catastrophes n'ont jamais été vraiment annoncées avec une précision d'horloge suisse. Par qui que ce soit.**

Prévoir une crise est possible. En prévoir la date et l'heure relève du boniment. Et la simple lecture de telles précisions temporelles doit à l'avenir éveiller votre niveau de suspicion le plus élevé.

Les introductions en bourse (dites IPO)...

Je ne le répèterai jamais assez : la bourse est un jeu à somme nulle. Vous en êtes le maillon faible. Renforcez-vous pour en devenir un maillon fort ! Le petit porteur est celui chez qui on va aller chercher des sous car il suffit d'actionner les bons leviers sur ses émotions. Comme nous l'avons vu précédemment.

Les introductions en bourse ne dérogent pas à cette règle. Évidemment, toutes les introductions ne sont pas des pièges ! Faire des généralités serait d'ailleurs un piège. Certains entrepreneurs ont réellement la fibre du petit actionnaire, l'envie d'être entourés par des petits actionnaires qui seront choyés en retour. Pour certains, s'introduire en bourse c'est aller chercher de l'argent chez des gens qui apporteront leur confiance à l'entreprise qui s'introduit et qui seront récompensés en retour. Mais ce raisonnement n'est pas partagé de tous ! Certaines introductions en bourse sont de véritables pièges au contraire. Parfois même aux dépens des entrepreneurs, qu'il ne faut pas penser forcément pervers ou calculateurs. Il leur arrive, surtout dans le cas des biotechs, d'être eux-mêmes piégés par des ratios de valorisation trop élevés qui leur sont suggérés lors de leur introduction en bourse. À l'appui d'analyses financières très optimistes.

Un entrepreneur peut souvent, de bonne foi, penser que sa PME vaut des dizaines de millions, tout simplement car il croit en son projet et que son égo est devenu démesuré au fil de ses réussites. Il tombe alors lui-même dans le propre piège de son émotionnel et entraine avec lui des nuées de petits porteurs.

Les sociétés spécialisées dans les IPO (introductions en bourse) jouent parfois un rôle tampon... mais pas toujours.

Quand on connait ce milieu comme je le connais, on sait très bien comment ça se passe.

Je vais vous le conter rapidement. A partir d'un exemple fictif mais représentatif d'une certaine moyenne.

Il était une fois un petit entrepreneur à l'égo haut comme un gratte-ciel qui croyait que sa PME valait des dizaines de millions d'euros. Et pourquoi pas cent millions. Son introducteur en bourse, qu'il rencontra dans un bureau feutré du huitième arrondissement (je ne vise personne en particulier, ils y sont quasiment tous), tenta de le ramener à la raison : « 100 millions... c'est un peu élevé, vous savez... à ce prix nous n'aurons peut-être pas de sursouscription, préférable pour avoir une belle image par la suite »... Ne voulant rien savoir, l'entrepreneur s'entêta... s'obstina, tel un enfant capricieux ! Et l'introducteur céda assez rapidement. Ne souhaitant pas que son potentiel client puisse aller à la concurrence !

Car un tel client, cela rapporte ! Déjà un dossier d'introduction, cela coûte très cher à monter. Et qui dit introduction dit le plus souvent levée de fonds concomitante. L'introducteur, qui lève aussi des fonds, prend une commission sur les fonds levés allant de 6 à 8% en général. Plus la valorisation est élevée, plus tout le monde y gagne. Imaginez 100 millions de valorisation et 30 millions de fonds levés. Je vous laisse calculer !

Évidemment les souscripteurs, eux, peuvent être lésés ! Pis encore : pour les grandes introductions de plusieurs milliards, les banquiers sollicitent leurs clients pour placer des titres... Oui, il faut connaitre ce milieu pour savoir que rares sont les introductions en bourse qui sont intéressantes pour les particuliers.

Bien sûr, il peut y avoir de temps à temps des introductions en bourse intéressantes. Disons que d'une façon générale, les introductions ne sont pas à proscrire mais il faut être très vigilants.

Prenons l'exemple des IPO réalisées sur la bourse de Paris. Plaçons-nous en septembre 2019 et prenons les 10 dernières IPO.

Le tableau suivant donne le nom de la société introduite en bourse, sa date d'introduction et la performance de son action depuis son introduction :

SOCIETE INTRODUITE	DATE IPO	PERFORMANCE BOURSIERE
GROUPE TERA	Juillet 2019	-6%
ARCURE	Février 2019	-30%
PREDILIFE	Décembre 2018	-9%
VOGO	Novembre 2019	-12%
NEOEN	Octobre 2018	+37%
MEDINCELL	Septembre 2018	0%
AUDIOVALLEY	Juillet 2018	0%
NAVYA	Juillet 2018	-85%
ROCHE BOBOIS	Juillet 2018	-15%
BIO-UV GROUPE	Juillet 2018	-2%

Sur 10 IPO, une seule gagnante pour l'actionnaire individuel ! La moyenne de ces IPO est une performance négative de -12%.

Pendant ce temps, les variations du CAC 40 ne sont pas mauvaises, au contraire. Les IPO ont largement sous-performé le marché.

Le temps est donc révolu où il suffisait de se positionner sur une IPO pour être gagnants. Aujourd'hui au contraire, la règle générale est de rester à l'écart et les exceptions concerneront des effets de rareté (sur des secteurs non représentés en bourse) ou bien des dossiers d'une exceptionnelle qualité !

Le SRD…

Le SRD (service à règlement différé) est le piège par excellence tendu aux particuliers trop gourmands.

En quelques mots, rappelons que le SRD permet d'acheter un titre aujourd'hui et de le payer plus tard. On peut vendre un titre que l'on ne possède pas encore, avec l'engagement de le racheter ensuite et de le livrer plus tard pour déboucler l'opération (c'est alors la vente à découvert ou VAD). L'acheteur paie plus tard, comme un acheteur à crédit ; et le vendeur dispose d'un délai pour livrer les titres vendus. On fait les comptes tous les mois, lors de la liquidation, qui regroupe les opérations de dénouement (paiement pour des achats ou encaissement pour des ventes) entre acheteurs et vendeurs utilisant le SRD. Cette liquidation prend naissance lors de la cinquième séance avant la dernière du mois et dure jusqu'à cette dernière.

Le SRD revient, vous l'avez compris à acheter des actions à crédit, ou dans l'autre sens à les vendre à découvert.

Dans les deux cas de figure, les pertes peuvent être illimitées. Surtout dans le cas de la vente à découvert. Alors que sur une opération ferme (achat/vente classique) vous risquez au pire de perdre votre mise. Avec le SRD vous risquez non seulement de perdre votre mise mais de vous endetter. Le SRD est donc très dangereux. D'autant plus que vous pouvez, chez la plupart des courtiers, acheter au SRD pour plus d'argent que ce que vous avez sur votre compte ! Quelqu'un qui dispose de 100.000€ en actions peut acheter sans souci pour 250.000€ voire 500.000€ au SRD !

Imaginez le cas de figure : 100.000€ en actions bien gérés, bien diversifiés, et 500.000€ placés au SRD sur un titre. Si ce titre perd 20% ce sont 100.000€ qui sont perdus. À la fin du mois, l'épargnant (qui devient ici un joueur et non plus un épargnant) doit rembourser ces 100.000€. Il doit donc vendre l'intégralité de son portefeuille ! Et imaginez que le titre acheté au SRD perde 30% ! Dans ce cas ce sont 150.000€ de pertes. Il doit non seulement vendre tout son portefeuille constitué à la force de ses neurones, mais aussi trouver 50.000€ ou s'endetter pour les rembourser !

La plupart du temps, les particuliers qui racontent avoir été ruinés en bourse, l'ont été à cause du SRD.

Si vous voulez l'utiliser pour profiter du levier qu'il offre, gardez bien en tête la règle de prudence suivante : **n'investissez pas au SRD plus de 10% du montant global de votre portefeuille. Je répète que**

vous pouvez aller jusqu'à 500% chez de nombreux courtiers, mais restez sous un plafond de 10%.

Si le portefeuille Francebourse, géré dans la lettre confidentielle publiée sur Francebourse.com, gagne près de 700% en moins de 18 ans, c'est parce que jamais les positions au SRD n'ont dépassé 10% du portefeuille.

Ne vous laissez pas piéger par les publicités vantant les mérites des effets de levier : avec le levier il y a plus à perdre qu'à gagner.

Les instruments dérivés...

Nous avons présenté les instruments dérivés dans le chapitre 4.

Warrants, CFD, trackers, futures... Les dérivés ne manquent pas. Ils ont été en grande partie à l'origine de toutes les dernières crises financières. Ce sont des outils hyperspéculatifs qui ne devraient pas être mis à la portée des particuliers, mais qui le sont. Mieux vaut les éviter. Sauf lorsque vous êtes trader, que vous faites du trading votre passion et votre activité professionnelle ; car dans ce cas, effectivement les dérivés seront votre matière première à condition de bien savoir les utiliser et de se limiter à du scalping ou du day-trading.

Ces instruments sont utiles pour se couvrir par exemple, lorsqu'on est gérant d'un gros fonds de plusieurs centaines de millions d'euros.

Pour un particulier qui opte pour du boursicotage, la seule utilisation valable des warrants aura lieu quand on veut se couvrir contre un événement possible attendu. Par exemple, un événement politique ou géopolitique. Ou après une très forte hausse du marché. En dehors de ces cas de figure, le particulier a tout intérêt à rester à l'écart de ces instruments.

28

LES PIÈGES DU MARCHÉ

Le marché boursier est un des marchés qui se rapproche le plus de la concurrence pure et parfaite. Chacun est censé avoir l'information en même temps. D'ailleurs, c'est le but des organes de régulation comme l'AMF qui réprimandent sérieusement les abus de marché ou les délits d'initiés. Seulement, tous les abus ne peuvent pas être épinglés. L'information donnée par les cours ou les graphiques est souvent mal interprété, ce qui conduit à faire de nombreuses erreurs. La nature humaine tend à ce que chaque intervenant privilégie ses intérêts individuels sur l'intérêt collectif. Ainsi, le marché devient rapidement une jungle dont les proies des plus faciles sont les moins bien informées, à savoir les particuliers. Voilà pourquoi il convient de repérer les pièges informationnels et non informationnels les plus courants que vous tend le marché en permanence pour savoir les déjouer.

La croissance non rentable...

On parle souvent des valeurs de croissance. Achetez des valeurs de croissance ! L'Oréal, Air Liquide, etc. Une valeur de croissance est une action d'une entreprise qui fait régulièrement croitre son chiffre d'affaires. En général, sur le long terme, une fois qu'on enlève les fluctuations de court terme, c'est l'enrichissement assuré. En 25 ans le titre L'Oréal, valeur emblématique de la croissance à la française, a été multiplié par 25. En 15 ans il a été multiplié par 2.5, et en 5 ans par 2. Des titres comme Vinci, comme Air Liquide et bien d'autres ont des parcours historiques similaires, avec toujours des pointes en période d'euphorie.

Mais n'est pas valeur de croissance qui veut ! **Méfiez-vous des sociétés qui communiquent sur leur formidable croissance mais ne parviennent pas à faire des bénéfices.** En bourse, le nerf de la guerre c'est de pouvoir faire des bénéfices. D'abord car qui dit bénéfices dit potentiel de distribuer des dividendes. Et qui dit bénéfices dit appréciation de l'action concernée. En général, c'est mécanique. Donc, une hausse du chiffre d'affaires, si elle n'est pas accompagnée de bénéfices, n'aura aucun intérêt ! Le chiffre d'affaires va parfois nourrir les dirigeants, qui peuvent se prendre un bon salaire, mais il ne nourrira pas les actionnaires, qui eux ont besoin de bénéfices ! Autant on peut comprendre qu'une start-up ou une société nouvellement créée mette un peu de temps avant d'être bénéficiaire... autant une société qui investit peut transitoirement voir ses bénéfices fondre ou passer dans le rouge pour reprendre de plus belle par la suite... autant cela devient vite insupportable sur une entité existant depuis des années. **Une entreprise qui grossit, fait de la croissance externe, pour ne jamais faire de marges ou très peu, est inintéressante.** Et vous devez impérativement éviter ce genre d'entreprises. Ou quitter le navire si vous en êtes passager !

Un exemple type est le cas de l'entreprise O2I, dont le chiffre d'affaires a grossi grâce à des acquisitions mais qui n'est jamais parvenue à faire des bénéfices, ou alors très peu et très transitoirement. Le titre est passé de plus de 6€ en 2006 à 1€ dix ans plus tard... Et 1€ toujours en 2019. Sanction logique du marché.

L'achat quand il est trop tard...

Imaginez deux boutiques de vêtements en face de vous. L'une vide, et l'autre pleine de monde. Naturellement, le monde attire le monde et vous vous dirigerez vers celle qui est pleine.

Imaginez-vous maintenant arrivant devant un péage d'autoroute. Votre œil sera naturellement attiré par les postes de péage où il y a une file d'attente. Quitte à laisser de côté les postes de péage moins visibles où il n'y a personne.

Reconnaissez que vous avez tort. Ce n'est pas parce qu'il y a du monde qui s'agglutine que c'est mieux.

En bourse, c'est identique. Lorsque vous cherchez à investir, vous allez regarder le palmarès des hausses et non pas des baisses. Pourtant, c'est souvent après une forte baisse qu'il y a de bons « coups à faire » !

Quant aux valeurs qui montent, montent et montent... Qu'en penser ? Les arbres ne montent pas au ciel dit-on. Mais on dit aussi « trend is your friend » (la tendance est votre alliée). Deux maximes contradictoires.

En fait les deux sont valables... Il faut juste distinguer les hausses dues à un effet d'annonce, qui se font très vite, en une ou quelques séances, des hausses de plus long terme, bien plus fondamentales, qui peuvent être provoquées par une croissance des bénéfices régulière ou par la découverte d'un nouveau secteur d'activité prometteur. Dans ce dernier cas de figure, il y a souvent formation d'une bulle spéculative. On peut investir « dans la bulle », mais il faut alors savoir vendre très vite.

Il y a donc 3 cas de figure à distinguer :

- La hausse due à un effet d'annonce. Qui dure très peu de temps. Si la société est intéressante, il conviendra alors d'attendre que le soufflé retombe comme on dit.

Exemple type : Lucibel, qui a gagné 50% en quelques séances sur un effet d'annonce important (ses résultats 2016 avec un retour aux profits) en mars 2016, pour rebaisser ensuite.

<u>- La hausse fondamentale qui peut durer longtemps,</u> et s'inscrire dans un canal haussier. Il conviendra ici de ne pas attendre trop longtemps pour investir mais juste de profiter d'un petit repli, toujours inévitable.

Exemple type : Robertet qui est une très belle société faisant de la croissance régulière, ce qui se voit graphiquement sur plusieurs années :

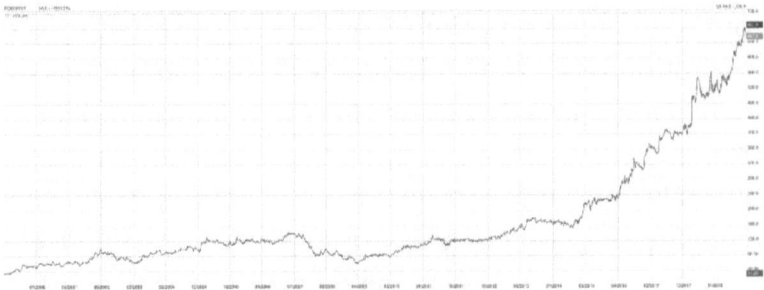

Robertet est un titre passé de 31€ en 1999 à 650€ vingt ans plus tard. Il a été multiplié par plus de 20. Un marché en croissance, un acteur leader de son marché, des résultats toujours positifs et en croissance et un CA dont la croissance ne se dément pas.

<u>- La bulle spéculative.</u> Qui enfle... enfle... telle la grenouille voulant se faire plus grosse que le bœuf... et explose ! Comme la grenouille ! Dans ce cas, il conviendra, pour les plus spéculateurs, prêts à prendre des risques, d'acheter sans tarder mais de revendre dès qu'un bénéfice substantiel apparait.

Exemple type : les imprimantes 3D aux USA il y a quelques années, avec entre autres la société 3D Systems qui en avait profité avant de s'effondrer.

Les augmentations de capital à répétition...

Surtout, méfiez-vous des sociétés qui, sous prétexte de croissance, vont régulièrement solliciter les investisseurs pour accroitre leur capital. Ou pire, qui font des augmentations de capital réservées aux institutionnels sans demander aux actionnaires individuels leur avis, ces derniers se retrouvant dilués. Exemple type : Drone Volt, belle petite PME française qui fabrique des drones mais a toujours besoin d'augmenter son capital pour avancer et se financer. Résultat : le titre a perdu 86% entre septembre 2016 et septembre 2019. **Plus il y a des augmentations de capital, plus il y a de capital. Logique ! Donc, chaque actionnaire sera un peu plus dilué.** Logique quand tu nous tiens !

Si vous possédez 1% d'une société qui double son capital, à l'issue de l'opération vous n'en posséderez plus que 0.5%. Sauf à doubler aussi votre mise. Un vrai piège. Car la capitalisation boursière augmente d'autant, et les ratios de valorisation aussi. Et qu'il faudra faire bien plus de bénéfices qu'avant l'opération pour que le cours de bourse revienne où il était avant l'opération.

Une augmentation de capital est parfois indispensable, pour financer une opération de croissance externe par exemple. Ou pour sauver une entreprise qui va mal. Mais l'augmentation de capital doit rester un événement exceptionnel de la vie d'une entreprise. Il faut absolument éviter les entreprises qui en font régulièrement, tous les ans, voire parfois plusieurs fois par an.

Les fusions et OPA…

Les OPA et fusions font partie du quotidien d'un investisseur en bourse. A priori, un investisseur en bourse les recherche… Combien de fois voyez-vous dans la presse spécialisée : « voici notre sélection de valeurs opéables »…

Une OPA mène souvent à une fusion. Mais déjà qu'est-ce qu'une fusion ? C'est la réunion de deux entreprises pour n'en faire qu'une. Sachez qu'il ne faut JAMAIS se jeter sur une fusion. C'est un piège que de le faire.

On a le souvenir de la fusion Alcatel-Lucent qui a été un échec, et de la fusion plus récente Lafarge-Holcim qui est une réussite en demi-teinte. Mais dans les deux cas, les titres avaient baissé dans les mois suivant la fusion. Comme c'est très souvent le cas. Citons, récemment, la fusion entre Technip et FMC qui a eu lieu en janvier 2017 ; depuis, le titre TechnipFMC ne se remet pas de ses émotions, il perd 27% en près de 3 ans.

Dans le cadre d'une fusion, il n'y a pas que des enjeux financiers et économiques qui apparaissent mais aussi sociologiques. Donc culturels. La culture d'une entreprise est imbriquée dans l'histoire du pays, la culture étant une progressive construction sociohistorique. Or qui dit cultures différentes dit difficultés de parler d'une même voix, d'aller de l'avant, de mettre en œuvre les synergies qui sont pourtant le but même d'une fusion !

Concernant les OPA, qui sont la partie la plus spectaculaire de certaines fusions, même si elles sont plutôt une source de profits et de plus-values en général, elles peuvent être un piège, car on ne se place pas n'importe comment sur une OPA.

En fait, une fusion est souvent plus avantageuse pour les vendeurs à découvert que pour les acheteurs !

Il faut donc éviter d'acheter une valeur pour son côté «opéable». Sur Francebourse.com, je ne recommande que très rarement des titres pour leur «potentiel d'opérabilité» car on ne doit pas acheter un titre pour cette unique raison. Cela reviendrait à jouer, à vouloir tirer au sort une action comme on mise sur un numéro à la roulette au casino... Non, la bourse ce n'est pas cela. Il ne faut pas la voir comme un casino géant. C'est la meilleure manière de se tromper. Si jamais vous achetez un titre pour son caractère « opéable » et non pour ses fondamentaux, vous prenez le risque d'abord qu'il n'y ait jamais d'OPA et ensuite que le titre baisse. Ceux qui entendent parler d'une OPA de Peugeot sur sa filiale Faurecia depuis 15 ans en savent quelque chose ! Jamais Peugeot n'a approché l'idée d'acheter les minoritaires de Faurecia. Même si cela n'a non plus jamais été exclu.

Lorsqu'une OPA est lancée sur une société, en général le titre va continuer de coter à peu près au niveau du prix de l'OPA. Le « à peu près » est très important. Si le marché estime qu'il a des risques que l'OPA ne se fasse pas, alors il y aura une légère décote. En général 2 ou 3%. Si le marché estime qu'elle a toutes les chances d'aboutir, le titre s'aligne alors totalement sur l'OPA. Enfin si le marché estime que l'OPA est insuffisante et qu'il va y avoir une surenchère, alors le titre cote légèrement au-dessus du prix de l'OPA. Dans les trois cas de figure, il n'y a pas grand-chose à tirer de ces situations pour un particulier. Seuls les gros fonds peuvent se positionner. En effet, si une OPA a lieu à 23€ et que le titre cote à 22.8€, que pourrait gagner un particulier ? 0.2€ par titre sur 500 ou 1000 titres... en restant scotché plusieurs mois, le temps que les autorités de la concurrence se prononcent et que l'OPA se fasse. Inutile de bloquer son argent sur de tels dossiers alors qu'il y a toujours mieux à faire ailleurs. Par contre, un gros fonds qui place 2 ou 3 millions sur le titre en question gagnera une somme plus substantielle.

On vous dit qu'il faut toujours raisonner en pourcentage de gains. C'est faux, il faut aussi raisonner en argent gagné par opération. Ce ne sont pas les pourcentages qui vous permettront de vous payer vos prochaines vacances mais vos gains... Et donc, ce qui est valable pour les gros investisseurs institutionnels qui y vont à coups de millions, ne l'est pas pour les petits...

Il ne faut pas confondre les OPA (qui mènent, je le rappelle, à des fusions) avec les scissions. À l'inverse des fusions et OPA, les scissions sont des opérations presque toujours gagnantes pour les actionnaires. Une scission consiste pour une entreprise à se séparer d'une de ses filiales. Lorsque cette séparation se fait via une cotation en bourse de la filiale en question, c'est très souvent le jackpot pour les actionnaires.

Par exemple, lorsque le groupe Accor s'est séparé d'Edenred, en cotant Edenred séparément en en offrant des actions Edenred à tous les actionnaires d'Accor, l'opération a été créatrice de valeur. Idem lorsque Fiat Chrysler s'est séparé de Ferrari en janvier 2016. Les actionnaires de Fiat Chrysler ont eu des actions Ferrari gratuites. Immédiatement, cela a fait baisser le cours de Fiat Chrysler mais naturellement au bout d'un an ce cours est remonté tandis que le cours de Ferrari a quintuplé par rapport au prix de scission.

Le cycle du CAC 40...

On vous dit, on vous assène que le marché est cyclique, qu'il y a des cycles de hausse et des cycles de baisse. Cela n'est pas faux mais raisonner de façon si simpliste peut s'avérer piégeur.

Ce n'est pas tant le CAC 40 qu'il faut regarder mais la valorisation du CAC 40. Que l'on appréhende avec son PER (on n'a pas le choix, il serait trop compliqué de calculer une valeur d'entreprise et un EBIDTA cumulé surtout que chaque société n'utilise pas exactement les mêmes règles comptables pour ce qui est des résultats intermédiaires).

Au plus profond de la crise, le PER du CAC était descendu autour de 10.

Le PER du CAC 40 suit un cycle. Qui transcende complètement le cycle de l'indice lui-même et le détermine.

Ce qui est cyclique, donc, ce n'est pas tant l'indice que sa valorisation. Ainsi le PER du CAC 40, après la crise, n'a fait que monter d'année en année. Atteignant 20 en 2015 puis 21.5 en 2016 et 19 en 2017. Il est aujourd'hui, en 2019, autour de 13/14. Autrement dit le PER du CAC 40 a entamé son cycle de baisse. Il devrait encore baisser sur les années à venir. Ce qui ne veut pas dire que le CAC va forcément baisser. En effet, si les bénéfices croissent, le CAC peut juste stagner. Et pour autant le PER diminuera.

Les études empiriques sur le très long terme montrent que ce PER est de 10 environ en bas de cycle et de 20 environ en haut de cycle. Le haut de cycle a été atteint entre 2015 et 2016. Il est visiblement derrière nous.

Plus les bénéfices progresseront dans les années qui viennent, plus le CAC 40 n'aura pas de raisons de baisser. Mais si les bénéfices cumulés ne venaient à baisser un peu, rien qu'un peu, le CAC 40 démultiplierait désormais cette baisse. C'est cela qui provoquerait un effondrement.

Il serait donc piégeur de se laisser enfermer dans l'idée trop simpliste d'un cycle de l'indice car c'est le cycle de la valorisation de l'indice qui compte.

Les stops de protection…

Vous lisez souvent dans les livres ou les magazines qui vous parlent de techniques boursières qu'il faut placer des stops de protection, c'est-à-dire des ordres de vente à seuil de déclenchement, pour éviter de perdre trop d'argent lorsque le marché se met à baisser.

Si vous êtes un trader chevronné, les stops feront partie de votre quotidien. Et ces lignes ne vous concerneront pas. En revanche, pour les investisseurs, qui achètent sur du moyen et long terme, ces stops sont de véritables pièges.

En effet si vous mettez un stop de protection à 9,90€ par exemple, sur une action qui vaut 11€, ce stop de protection pourra très vite sauter en cas de forte baisse de l'action en question, et il n'est pas sûr du tout que votre vente se fasse à 9.90€, elle pourrait en effet se faire beaucoup plus bas si de nombreuses personnes ont placé des stops de la même manière que vous. C'est d'ailleurs souvent la présence de plusieurs stops de protection qui déclenche un flash krach sur une valeur ou sur un indice.

Ensuite, bien souvent, la valeur ou l'indice en question remonte aussi vite que s'est fait la baisse. Et il sera trop tard pour que vous puissiez vous repositionner, sans perdre de l'argent.

Par exemple, sur la séance du 22 novembre 2016, le titre Vinci qui se portait bien a été victime d'une calomnie infondée qui a fait le tour des téléscripteurs. Le titre qui était à 60€ est tombé en quelques minutes à 50€ soit une baisse de 17% ! Ceux qui ont placé des stops à 55€ par exemple ont vu leurs positions vendues immédiatement. Très peu de temps après, quelques nouvelles minutes, et voilà que le titre était remonté à près de 60€, Vinci ayant immédiatement démenti et ayant porté plainte.

Placer un stop de protection revient donc à prendre plus de risque de perdre de l'argent qu'à se protéger.

ANNEXES

LES PROVERBES BOURSIERS

Il existe un certain nombre de proverbes boursiers. Ils valent ce qu'ils valent. Certains sont plus pertinents que d'autres, certains furent adaptés à ce qu'était la bourse d'hier mais ne le sont plus à la bourse actuelle. Mais tous appellent finalement à une certaine prudence et méritent d'être connus et surtout médités.

Un tient vaut mieux que deux tu l'auras

Ceci n'est pas un proverbe uniquement boursier mais il est plein de bon sens : il faut savoir prendre ses gains avant que la position ne tombe dans le rouge. Il vaut mieux assurer un gain que se prendre une claque en bourse. Il ne faut pas être trop gourmand et avide en bourse. Il faut savoir encaisser ses positions.

Acheter la rumeur et vendre la nouvelle

Les rumeurs entrainent des hausses de cours, une fois cette rumeur confirmée la hausse s'arrête. Il est donc judicieux d'acheter lors de la rumeur et de vendre lorsque la nouvelle se confirme.

On remarque que ce proverbe boursier fonctionne très souvent. Cela s'explique par l'inconscient groupal qui régit les marchés boursiers. L'Homme est souvent déçu quand il atteint l'objet et cet adage le rappelle.

Acheter au son du canon et vendre au son du violon

Il est préférable d'acheter lorsque la situation économique est mauvaise car les cours sont bas et de vendre lorsque les cours sont remontés donc quand la situation s'est améliorée.

Un proverbe similaire dit : « les marchés haussiers naissent dans le pessimisme, se développent dans le scepticisme et meurent dans l'euphorie. »

Les arbres ne montent pas jusqu'au ciel, la Bourse est faite du même bois

Les cours ne peuvent pas être en hausse constante. Historiquement les cours atteignent toujours une résistance et subissent une baisse à un moment.

Préférez les filles aux mères

Lors d'une période de turbulence et de trouble économique, il est moins risqué d'investir dans une filiale que dans une maison-mère. En effet, une maison-mère sera normalement plus atteinte en cas de crise.

Quand Wall Street éternue, la bourse de Paris s'enrhume

La position des Américains sur les marchés financiers est si importante que ses fluctuations affectent directement les marchés moins importants comme la bourse de Paris.

Un adage très important à mémoriser qui nous rappelle que ce sont les marchés boursiers américains qui font la pluie et le beau temps.

Le matin les marchés européens sont « autonomes », puis ils attendent l'ouverture des marchés américains (baisse de la volatilité en début d'après-midi). Ensuite, ils répercutent généralement dans leurs cours les variations des indices américains à partir de 15h30.

Il faut donc trader l'après-midi les indices européens avec un regard constant sur les principaux indices américains. Si on ne le fait pas, on trade à l'aveugle.

C'est dans les ciels bleus qu'éclatent les orages

C'est toujours lorsqu'on les attend le moins que les cracks surviennent. Lorsque la crise des subprimes a éclaté, la bourse de New-York était en hausse constante depuis 2003.

Mieux vaut se couper la main tout de suite que le bras plus tard

Il faut savoir vendre une position à perte lorsque l'on constate s'être trompé, avoir choisi le mauvais cheval, et réinvestir ce qu'il reste ailleurs, sur une action qui rattrapera la perte. Plutôt que de s'entêter. Cet adage est très suivi par les traders professionnels mais moins par les particuliers qui ont du mal à fermer des positions négatives. Et ils coulent...

Ne jamais chasser le dernier euro

Il ne faut pas être trop gourmand, si vous avez une position très favorable, il ne faut pas tenter d'atteindre absolument le niveau le plus haut pour vendre, même si les avis restent positifs.

Il faut savoir encaisser ses gains et ne pas en vouloir trop. J'ai connu dans les années 2000 des particuliers virtuellement millionnaires s'ils avaient revendu leurs actions et qui ont tout perdu. L'action Alcatel par exemple est passée de 100€ à 2€.

La bourse brûle toujours ce qu'elle a adoré

La bourse a tendance à créer des bulles spéculatives en privilégiant un secteur d'une manière excessive. Ces bulles peuvent alors éclater, avec les conséquences que nous connaissons tous.

On ne rattrape pas un couteau qui tombe

Il ne faut pas investir dans un titre chutant dans une situation économique normale. Si le titre chute sans raison, son cours est instable et il faut donc prendre gare au tranchant.

Cet adage est important lors des violentes baisses et krach boursier. Beaucoup de personnes voyant les cours bas sont tentées d'acheter. Et elles se prennent une seconde vague baissière. Dans le cas d'une forte baisse, il ne faut jamais anticiper le rebond mais l'accompagner quand il se forme et le protéger avec un stop profit dès que c'est possible.

Cependant ce proverbe a ses limites, c'est sûrement le moins fiable de la liste, car il arrive aussi que le marché massacre à tort certaines actions, les faisant chuter de jour en jour, pour se ressaisir par la suite. On citera Altran, qui a dévissé de moitié en quelques semaines à l'été 2018, pour tout regagner dans l'année qui a suivi, avec, cerise sur le gâteau, une OPA.

Il ne faut pas mettre tous ses œufs dans le même panier

En diversifiant son portefeuille, on a peut-être un taux de rentabilité moindre mais en cas de krach boursier on minimise ses pertes.

Ne jamais suivre les autres comme les moutons, les moutons on les tond

Suivre aveuglément les majorités des investisseurs n'est pas toujours une bonne idée, vous pouvez rater de bons investissements ou bien suivre une tendance qui va droit dans le mur. Cela rejoint la règle de trading, pensez par vous-même.

MOTS ET EXPRESSIONS

Voici quelques mots et expressions qui reviennent fréquemment dans les commentaires et analyses que l'on peut lire ici et là, et en particulier sur internet. Il est utile de les connaitre dans le but de déchiffrer le jargon.

Le SRD

Le SRD permet d'acheter un titre aujourd'hui et de le payer plus tard. On peut vendre un titre que l'on ne possède pas encore, avec l'engagement de le racheter ensuite et de le livrer plus tard pour déboucler l'opération. L'acheteur paie plus tard, comme un acheteur à crédit ; et le vendeur dispose d'un délai pour livrer les titres vendus. On fait les comptes tous les mois, lors de la liquidation, qui regroupe les opérations de dénouement (paiement pour des achats ou encaissement pour des ventes) entre acheteurs et vendeurs utilisant le SRD. Cette liquidation prend naissance lors de la cinquième séance avant la dernière du mois et dure jusqu'à cette dernière. Pour les ordres qui font l'objet d'un SRD, le nouveau mois boursier commence au lendemain de la liquidation.

Ces opérations ne peuvent se faire que sur des comptes titres ordinaires et ne sont pas autorisées à l'intérieur d'un PEA.

Avec le SRD, vous pouvez acheter et vendre la même action durant le mois boursier sans avoir à débourser des liquidités. Ce qui veut dire qu'entre la date d'achat et la date de vente vous avez bénéficié d'un crédit.

Vous encaisserez des liquidités si le prix de vente est supérieur au prix d'achat, et vous paierez si le prix d'achat est supérieur au prix de vente.

L'investisseur, pendant le même mois, peut faire plusieurs opérations d'achat ou de vente avec SRD sur les mêmes titres. Seul le solde de ces opérations sera réglé et livré à la fin du mois.

Le PER
Le PER ou Price Earning Ratio est le ratio fondamental utilisé en analyse fondamentale... S'il ne devait en rester qu'un, ce serait celui-là !

Le PER désigne le rapport de la capitalisation boursière sur les bénéfices nets.

Un PER de 10 signifie qu'une entreprise se paie à 10 ans de bénéfices nets.

Si vous voulez acheter un commerce, l'épicerie du coin par exemple, la première chose que vous allez voir, c'est le prix de vente. Et immédiatement vous allez le ramener au bénéfice net annuel. Pour voir en combien de temps votre investissement sera amorti. C'est exactement le même raisonnement en bourse : n'oubliez pas que lorsque vous achetez une action vous achetez un fragment d'entreprise, et le prix de cette entreprise c'est sa capitalisation boursière, c'est-à-dire le nombre de titres en circulation multiplié par le cours de bourse.

Il est donc logique qu'une entreprise qui se porte bien évoluant dans un secteur très porteur se paie plus cher qu'une société qui stagne sur un secteur en déclin !

C'est pourquoi les PER sont très différents d'un secteur à l'autre, et, au sein d'un même secteur, d'une entreprise à l'autre !

Par ailleurs lorsque le marché est optimiste les PER sont plus élevés que lorsque le marché est pessimiste (comme c'est le cas en ce moment)

Le ratio VE/ROP
Le ratio Valeur d'Entreprise/Résultat opérationnel remplace de plus en plus le PER dans les processus de décision des gérants de fonds.

La Valeur d'Entreprise est la capitalisation boursière moins l'endettement net, c'est-à-dire l'endettement de la société diminué de la trésorerie.

Le Résultat opérationnel, contrairement au résultat net utilisé pour le PER, n'inclut pas le résultat financier ni les éventuelles dépréciations d'actifs. Il est donc un meilleur indicateur de ce que rapporte l'activité d'une entreprise.

Ce ratio est parfois remplacé par le ratio VE/EBIDTA, l'EBIDTA étant un solde de gestion de la comptabilité anglo-saxonne, assez proche du résultat opérationnel, et représentant les revenus avant intérêts, impôts, dotations aux amortissements et provisions sur immobilisations.

Ces ratios offrent une vue plus complète de l'entreprise que le PER, d'où leur montée en puissance.

Cela dit, tandis qu'un PER de 10 est une moyenne, tous secteurs confondus, sur le ratio VE/ROP, la moyenne sera plutôt de l'ordre de 5.

Il est évident qu'une société en croissance offrant un ratio VE/ROP de 4 sera un bon choix d'investissement.

Les REITs

Les REITs (Real Estate Investment Trust) sont des sociétés américaines. Des agences hypothécaires dont le modèle de gestion peut un peu ressembler de loin à Crédit Logement, un organisme que vous connaissez peut-être qui est partenaire de la plupart des établissements de crédit. Crédit Logement étant le leader de la garantie de prêt, alternative à la prise d'hypothèque, en cas d'acquisition d'un bien immobilier avec un prêt consenti par une banque.

Les REITs ont la spécificité de servir un taux de rendement très élevé à leurs actionnaires, dépassant souvent les 10% annuels, et étant servi tous les trimestres.

Parmi les meilleures REITs citons :

New York Mortgage, Omega Healthcare ou encore Armour Residential

IS

L'IS est bien entendu l'impôt sur les sociétés, qui touche la quasi-totalité des sociétés françaises cotées en bourse et faisant des bénéfices.

Flaskrach

Le mot de flashkrach a fait récemment son apparition dans le vocabulaire boursier, depuis le krach boursier très bref et très rapide survenu le 6 mai 2010 aux États-Unis.

Un flashkrach est un petit krach boursier très bref et puissant, amenant un indice à une chute de plus de 10% en quelques séances... avant que ce dernier ne rebondisse juste après. La plupart du temps, ils se situent en tendance baissière.

Les flashkrachs se produisent dans des contextes de grande volatilité et ils sont en grande partie provoqués par des robots traders, et leurs algorithmes, de plus en plus nombreux dans les salles de marché.

Il faudra se faire à l'idée que les flashkrachs seront de plus en plus nombreux et cela d'autant plus que le contexte sera volatile.

Celui du 24 juin 2016 était simple à prévoir, pour peu que le Brexit passait dans les urnes.

D'autres à l'avenir seront moins évidents à anticiper, mais il suffira d'une mauvaise nouvelle macroéconomique ou d'un scandale relatif à une grande entreprise pour que cela survienne. Un abaissement de prévisions de croissance pourrait aussi en être à l'origine.

Window Dressing
En fin d'année, en général en décembre, les gérants de fonds réalisent du toilettage de portefeuille : ils veulent présenter le plus beau portefeuille possible à leurs clients et futurs clients, et pour cela ils achètent les valeurs stars de l'année qui s'achève. Même si tout cela est faux, le trompe-l'œil fonctionne bien, et il est toujours agréable de dire à ses clients : « vous voyez notre fond a cette valeur en portefeuille ». Ainsi, en fin d'année, les valeurs qui ont fait les meilleures performances les accentuent encore… Cette règle n'est cependant pas absolue. C'est ce qu'on nomme les opérations de window-dressing.

PEA ET PEA PME

Le PEA et le PEA PME sont des enveloppes fiscales à côté desquelles on ne peut pas passer lorsqu'on s'intéresse à la bourse.

En cumulant les avantages du PEA et du PEA PME (pas d'impôt sur le revenu à payer sur les revenus et les plus-values de cession des titres), c'est une belle enveloppe fiscale qui est permise aux particuliers.

Pour ce faire :

- Ouvrir et/ou abonder un compte PEA PME (abondement plafonné à 75 KEUR),

- Ouvrir et/ou abonder un compte PEA (abondement plafonné à 150 KEUR),
Et en cumulant les dispositifs PEA (2 PEA par foyer fiscal), et PEA PME (2 PEA PME par foyer fiscal), c'est au total un portefeuille de 450 000 EUR qui serait exonéré d'IR sur les revenus et les plus-values de cession des titres.

INDEX

A

B

C

I

K

L

M

O

P

R

S

TABLE DES MATIÈRES

POUR SUIVRE MES RECOMMANDATIONS BOURSIÈRES

J'anime depuis 18 ans le site internet www.francebourse.com.

Vous y trouverez un flux de news gratuit, incluant interviews de chefs d'entreprises et points de pédagogie boursière, ainsi qu'une chronique du lundi matin qui vous sera envoyée dans votre boite mail si vous vous inscrivez.

En sus, pour les lecteurs qui souhaitent aller plus loin, plusieurs formules d'abonnement sont proposées, qui permettent de suivre mes analyses et recommandations, avec des portefeuilles-type qui sont proposés.

Il y a un portefeuille consacré principalement au boursicotage selon une approche value et croissance. Et un second portefeuille consacré uniquement au rendement, donc au mode rentier.

N'hésitez pas à contacter le service abonnement qui se fera un plaisir de vous guider et de répondre à vos questions :

contact@francebourse.com

Tél. : 01 48 94 74 61

Suivez JDH Éditions sur les réseaux sociaux
pour en savoir plus sur les auteurs, les nouveautés,
les projets...

Inscrivez-vous à notre Newsletter sur
www.jdheditions.fr
Pour recevoir l'actualité de nos nouvelles parutions
(bourse, finance, économie, littéraire, etc.)